Weisheit im Märchen

Weisheit im Märchen
Herausgegeben von Theodor Seifert

Franz Kaufmann

Der gestiefelte Kater

Was einer aus sich machen kann

Kreuz Verlag

CIP-Kurztitelaufnahme der Deutschen Bibliothek

Kaufmann, Franz:
Der gestiefelte Kater: was e. aus sich machen kann /
Franz Kaufmann. – 1. Aufl. –
Zürich: Kreuz-Verlag, 1985
(Weisheit im Märchen)
ISBN 3-268-00027-4

1. Auflage
© Kreuz Verlag AG Zürich 1985
Gestaltung: Hans Hug
Umschlagfoto: Markus Ign. Müller
ISBN 3 268 00027 4

Inhalt

Vorwort

Wer kennt ihn nicht aus seiner Kindheit, den klugen und redegewandten, gewitzten und treuen Kater mit den Stulpenstiefeln, der seinem Herrn, einem armen Müllerburschen, so wichtige Dienste erweist, ja ihm ein neues, sein zukünftiges Leben eröffnet und ermöglicht. Davon ahnte der traurige, enttäuschte und einsame junge Mann noch gar nichts, während der Kater es längst wußte. Er kannte das Ziel und den Weg. Auf manchen Bildern trägt der Kater einen beeindruckend schönen Hut und ein edles Wams, die seine vornehme Abkunft zeigen und ihn seiner Aufgabe gemäß kleiden. Trotzdem ist eines immer unverkennbar: Er ist und bleibt eine Katze, ein Tier.

Die wunderbare Vielfalt der wechselseitigen Beziehung von Tier und Mensch wird zum Thema der ganzen märchenhaften Geschichte. Den einzelnen Szenen behutsam und einfühlsam folgend, vermittelt der Autor jedem Leser das gleiche kostbare Gut: einen eigenen Kater.

Heute sprechen wir, und dies wird sorgfältig und kompetent im einzelnen ausgeführt, eher vom rechten Verhältnis zwischen den Ich-Funktionen und dem Unbewußten, kommen aber mit unserer abstrakten

Sprache nicht weit über jene Bilderwelt hinaus, die sich in diesem Märchen in der Beziehung des Müllerburschen zu seinem gestiefelten Kater darstellt. Die Einfachheit des Tieres und seine Würde, seine Natürlichkeit und sein instinktives Wissen um Weg und Ziel symbolisieren die Kräfte in uns, die die Suche nach dem Sinn ermöglichen.

Viele Einzelheiten werden lebensnah vermittelt: Der Umgang mit der Einsamkeit, die Bedeutung des Namens, den wir tragen, die Notwendigkeit des Wartens – »Reifen ist kein zielendes Verb«, die Schwierigkeiten der männlichen Entwicklung, diese Punkte seien hier nur andeutend genannt. Der Gestiefelte Kater könnte sogar die Lehrparabel einer Befreiungsbewegung des Mannes werden.

Die so phantasievolle, Kindern noch zugängliche, den Erwachsenen aber trotz aller Faszination meist verschlossene Welt der Märchen erschließt sich mit diesem neuen Band der Reihe »Weisheit im Märchen« wieder ein Stückchen mehr, Schritt für Schritt, wie es bei einer Bilderwelt, die das ganze menschliche Leben umfaßt, gar nicht anders sein kann. Aber immer lohnt ein Märchen die Mühe, die mit seiner intensiven Beschäftigung verbunden ist. Märchen und Autor sind hier kundige Begleiter und Führer des Lesers.

Wenn Sie sich schon lange nicht mehr mit Märchen beschäftigt haben, so ist es vorteilhaft, zunächst einmal nur den Text des Märchens, den Sie am Anfang dieses Bandes finden, zu lesen und ihn in Ruhe auf sich wirken zu lassen. Spüren Sie dabei allem nach, was er in Ihnen anregt, und lassen Sie sich von der dem Märchen eigenen Kraft und Vision verzaubern, lassen Sie sich aber auch von Ihren eigenen Reaktionen überraschen. Die wissenschaftliche Beschäftigung mit den Märchen hat erwiesen, daß diese besonderen Geschichten direkte Bezüge zum Erleben und zur Seele des Menschen haben. Märchen spiegeln allgemeine und typische menschliche Situationen und Schicksale wider. Deshalb kann sich jeder Leser in ihnen auf die eine oder andere Weise wiederfinden. Trotz der »märchenhaften« Darstellung sind die Parallelen zu persönlichen Lebenssituationen leicht auffindbar.

Märchen sind aber auch Ratgeber und Vor-Bilder für verschiedene Notlagen und Schwierigkeiten.

Wir können uns deshalb an ihnen vertrauensvoll orientieren, denn hinter ihnen steht nicht die persönliche Absicht eines bestimmten Autors, auch wenn die Darstellungen der Märchen natürlich von der jeweiligen Kultur mitgeprägt sind. Den Forschungen des Schweizer Psychotherapeuten und Psychiaters Carl Gustav Jung folgend, hat sich heute die Auffassung weitgehend durchgesetzt, daß Märchen das widerspiegeln, was sich in der Seele des Menschen schon seit Urzeiten abspielt. Alles, was an persönlichen Besonderheiten bei einzelnen Menschen auffindbar ist, kann in diesem allgemeinen menschlichen Zusammenhang wiederentdeckt werden. Das Studium der Märchen und ihre Deutung, wie sie in dieser Buchreihe gegeben wird, vermitteln deshalb diesen so wichtigen Zugang zum Menschlichen immer wieder neu. Märchen sind Bilder der Seele.

Man sollte deshalb beim Lesen eines Märchens

nicht sofort allzu kritisch nachdenken oder sich über eventuelle Ungereimtheiten ärgern, weil sie ja doch »in Wirklichkeit« unmöglich sind. Ein Frosch kann sich zum Beispiel nur im Froschkönig zu einem Prinzen verwandeln, ein Rumpelstilzchen nur im Märchen Stroh zu Gold spinnen. Öffnen Sie sich wieder einmal der Welt dieser Bilder und überlassen Sie sich ihrer Wirkung. Sie sprechen für sich und sie reden auf eine andere Weise zu uns, als es die Sprache der Wissenschaft oder des täglichen Lebens tut. Zudem sagen Bilder ohnehin mehr aus als tausend Worte.

Auch wenn ich im folgenden noch einige Literaturhinweise gebe, an denen Sie sich weiter orientieren können, bleibt das Wichtigste, daß Sie dem Märchen und seinem Text ganz offen und direkt begegnen. Lassen Sie sich von ihm führen und anregen, dann werden Sie den gesuchten Schatz auch finden.

Einige Hinweise zur Literatur:

Wenn Sie sich, wie eben angeregt, weiter mit diesem Thema beschäftigen möchten, so empfehlen Ihnen die Autoren dieser Reihe folgende Bücher: *von Franz, Marie-Louise: Das Weibliche im Märchen, Stuttgart 1977. Birkhäuser-Oeri, Sibylle: Die Mutter im Märchen, Stuttgart 1976. Dieckmann, Hans: Gelebte Märchen, Hildesheim 1978. Kast, Verena: Wege aus Angst und Symbiose im Märchen, Olten 1981.*

Diese Werke behandeln weitere große Lebensthemen, die in unserer Reihe nicht berücksichtigt werden konnten. Sie enthalten darüber hinaus wichtige Ergänzungen, die der persönlichen Vertiefung und Bereicherung dienen[1].

Theodor Seifert

Der gestiefelte Kater

*E*in Müller hinterließ als einziges Vermögen den drei Kindern, die er hatte, nur seine Mühle, seinen Esel und seinen Kater. Die Teilung war bald gemacht; weder Notar noch Prokurator wurden dazu gerufen – die hätten das armselige Erbe nur zu rasch verzehrt gehabt. Der Älteste bekam die Mühle, der Zweite bekam den Esel, und der Jüngste bekam nur den Kater.

Dieser Jüngste war untröstlich, einen so geringen Anteil bekommen zu haben. Er sagte:

»Meine Brüder können ihren Lebensunterhalt ehrlich verdienen, indem sie sich zusammentun; ich aber, wenn ich meinen Kater gegessen und mir aus seinem Fell einen Muff gemacht habe, ich muß Hungers sterben.«

Der Kater, der diese Rede hörte, es sich aber nicht merken ließ, sagte mit gewichtiger und ernsthafter Miene zu ihm:

»Seid nicht traurig, mein Herr; Ihr braucht mir nur einen Sack zu geben und mir ein Paar Stiefel machen zu lassen, mit denen ich durch das Gestrüpp laufen kann, und Ihr sollt sehen, daß Ihr nicht so schlecht gefahren seid, wie Ihr glaubt.«

Obwohl der Herr des Katers nicht zu sehr darauf baute, hatte er ihn immerhin so viele geschickte

13

Streiche machen sehen, um Ratten oder Mäuse zu fangen (indem er sich etwa an den Füßen aufhing oder sich im Mehl versteckte und tot stellte), daß er durchaus nicht ohne Hoffnung war, von ihm Hilfe in seinem Elend zu erfahren.

Als der Kater über das verfügte, was er verlangt hatte, zog er sich keck die Stiefel an, nahm seinen Sack auf den Hals, wobei er die Bänder mit den Vorderpfoten festhielt, und lief schnurstracks zu einem Gehege, in dem eine große Zahl von Kaninchen gehalten wurde. Er tat Kleie und Korndisteln in seinen Sack, legte sich längelang hin, als sei er tot, und wartete, daß irgendein junges und mit den Tücken dieser Welt noch wenig vertrautes Kaninchen in seinen Sack laufen möchte, um zu fressen, was er hineingetan hatte.

Kaum hatte er sich ausgestreckt, da hatte er schon Erfolg: ein junges, unbedachtes Kaninchen lief in seinen Sack, und Meister Kater zog sogleich die Bänder zu, griff es und tötete es ohne Erbarmen.

Ganz stolz auf seine Beute lief er schnurstracks zum König und verlangte ihn zu sprechen. Man ließ ihn in die Gemächer Seiner Majestät kommen, wo er gleich beim Eintreten eine tiefe Verbeugung vor dem König machte und zu ihm sagte:

»Hier bringe ich Euch, Sire, ein Gehegekaninchen. Der Herr Marquis von Carabas« (diesen Namen geruhte er seinem Herrn zu geben) »hat mich beauftragt, es Euch in seinem Namen zu überbringen.«

»Sage deinem Herrn«, gab der König zur Antwort, »daß ich ihm danke und daß er mir damit eine Freude macht.«

Ein anderes Mal versteckte er sich in einem Korn-
feld und hielt wieder seinen Sack auf, und als zwei
Rebhühner hineingelaufen waren, zog er die Bänder
zu und griff sie beide. Dann brachte er sie dem König,
genau so, wie er es mit dem Gehegekaninchen getan
hatte. Der König nahm die zwei Rebhühner
wiederum mit Vergnügen und ließ ihm ein Trinkgeld
geben.

Durch zwei oder drei Monate fuhr der Kater fort,
dem König von Zeit zu Zeit ein Wildbret von der
Jagd seines Herrn zu bringen. Eines Tages aber hörte
er, daß der König am Ufer des Flusses mit seiner
Tochter, der schönsten Prinzessin auf der Welt,
spazierenfahren sollte, und er sprach zu seinem
Herrn:

»Wenn Ihr meinem Rat folgen wollt, so ist Euer
Glück gemacht: Ihr braucht nur im Fluß zu baden an
der Stelle, die ich Euch zeigen will, und dann laßt
mich machen.«

Der Marquis von Carabas tat, was ihm sein Kater
riet, ohne zu wissen, wozu das gut sein mochte.
Während er gerade badete, kam der König vorbei,
und der Kater begann aus vollem Halse zu rufen:

»Hilfe! Hilfe! Der Herr Marquis von Carabas ist
am Ertrinken!«

Auf dieses Geschrei hin steckte der König den Kopf
aus der Wagentür, und als er den Kater erkannte, der
ihm so oft Wildbret gebracht hatte, befahl er seinen
Leibwächtern, man möge rasch dem Herrn Marquis
von Carabas zu Hilfe eilen.

Während man den armen Marquis von Carabas
aus dem Fluß zog, ging der Kater auf die Karosse zu

15

und erzählte dem König, daß, während sein Herr gebadet habe, Diebe gekommen seien, die seine Kleider mitgenommen hätten, obwohl er aus vollem Halse »Haltet den Dieb« gerufen habe; sein leichtsinniger Herr habe sie unter einem Stein versteckt gehabt.

Der König befahl sogleich den Offizieren seiner Leibgarde, eines seiner schönsten Kleider für den Herrn Marquis von Carabas zu holen, ja, er sagte ihm tausend Freundlichkeiten, und als die schönen Kleider, die man ihm inzwischen gegeben hatte, sein hübsches Gesicht erst zur Geltung brachten (er war nämlich schön und von wohlgeratenem Wuchs), da fand ihn die Tochter des Königs sehr nach ihrem Geschmack, und der Marquis von Carabas hatte ihr kaum zwei oder drei zutiefst ergebene und ein klein wenig zärtliche Blicke zugeworfen, da war sie schon ganz närrisch in ihn verliebt.

Der König bestand darauf, daß er in die Karosse einstieg und an der Spazierfahrt teilnahm. Der Kater sah mit Entzücken, daß sein Plan anfing zu gelingen; er lief voraus, und als er ein paar Bauern traf, die eine Wiese mähten, sagte er zu ihnen:

»Ihr guten Leute, die ihr da mäht, wenn ihr nicht zum König sagt, daß die Wiese, welche ihr mäht, dem Herrn Marquis von Carabas gehört, so sollt ihr alle kleingehackt werden wie Pastetenfleisch.«

Der König verfehlte nicht, die Mäher zu fragen, wem die Wiese gehöre, die sie da mähten.

»Sie gehört dem Herrn Marquis von Carabas«, sagten sie alle zugleich; denn die Drohung des Katers hatte ihnen Angst gemacht.

»Ihr habt da ein schönes Erbteil«, sagte der König zum Marquis von Carabas.

»Wie Ihr seht, Sire«, erwiderte der Marquis, »das ist eine Wiese, die unfehlbar alle Jahre einen überreichen Ertrag bringt.«

Meister Kater, der immer noch vorauslief, traf ein paar Schnitter und sagte zu ihnen:

»Ihr guten Leute, die ihr das Korn schneidet, wenn ihr nicht sagt, daß alle diese Felder dem Herrn Marquis von Carabas gehören, so sollt ihr alle kleingehackt werden wie Pastetenfleisch.«

Als der König einen Augenblick später vorbeikam, wollte er wissen, wem alle diese Kornfelder gehörten, die er da sah.

»Sie gehören dem Marquis von Carabas«, antworteten die Schnitter. Und der König freute sich auch darüber mit dem Marquis.

Der Kater, der vor der Karosse herlief, sagte immer das gleiche zu allen Leuten, auf die er traf, und der König war ganz erstaunt über die großen Güter des Herrn Marquis von Carabas.

Endlich kam Meister Kater vor ein schönes Schloß, dessen Herr ein böser Zauberer war, der reichste, den man je gesehen hatte; denn alle Ländereien, durch die der König seine Spazierfahrt gemacht hatte, waren diesem Schlosse lehnspflichtig. Der Kater, der sich klüglich erkundigt hatte, wer dieser Zauberer war und was er konnte, verlangte ihn zu sprechen, indem er sagte, er habe nicht so nahe an seinem Schloß vorbeiziehen wollen, ohne die Ehre zu haben, ihm seine Aufwartung zu machen.

Der Zauberer empfing ihn so höflich, wie es ein

böser Zauberer kann, und ließ ihn Platz nehmen.

»Man hat mir versichert«, sagte der Kater, »daß Ihr
die Gabe habt, Euch in jede Art von Tier zu verwandeln; daß Ihr Euch also zum Beispiel in einen Löwen
oder in einen Elefanten verwandeln könnt.«

»Das ist wahr«, erwiderte der Zauberer barsch,
»und um es Euch zu beweisen, werdet Ihr gleich
sehen, wie ich ein Löwe werde.«

Der Kater war so erschrocken, einen Löwen vor
sich zu sehen, daß er sogleich auf die Dachtraufen
floh, wahrlich nicht ohne Mühe und Gefahr wegen
seiner Stiefel, die nicht geeignet waren, mit ihnen auf
den Dachziegeln zu laufen.

Bald darauf, als der Kater gesehen hatte, daß der
Zauberer wieder aus seiner ersten Verwandlung
geschlüpft war, kam er herunter und gestand, daß er
große Angst gehabt habe.

»Man hat mir sogar versichert«, sagte der Kater,
»aber ich vermag es nicht zu glauben, daß Ihr auch
Fähigkeit hättet, die Gestalt der allerkleinsten Tiere
anzunehmen, also zum Beispiel Euch in eine Ratte
oder in eine Maus zu verwandeln. Aber ich muß
Euch gestehen, daß ich das für ganz unmöglich
halte.«

»Unmöglich?« versetzte der Zauberer. »Ihr werdet
sehen.«

Und im gleichen Augenblick verwandelte er sich in
eine Maus, die auf dem Boden umherzulaufen
begann. Kaum hatte der Kater sie gesehen, da sprang
er zu und fraß sie auf.

Unterdessen wollte der König, der im Vorbeifahren
das schöne Schloß des Zauberers sah, hereinkommen.

Als der Kater den Lärm der Karosse hörte, die über die Zugbrücke rollte, lief er entgegen und sagte zum König:

»Eure Majestät sei willkommen im Schloß des Herrn Marquis von Carabas!«

»Wie denn, Herr Marquis«, rief der König aus, »auch dieses Schloß gehört Euch! Es kann unmöglich etwas Schöneres geben als diesen Hof und alle diese Gebäude, die ihn umstehen; sehen wir uns doch einmal das Innere an, wenn es Euch gefällig ist.«

Der Marquis gab der jungen Prinzessin die Hand, und indem sie dem König folgten, der als erster hineinging, betraten sie einen großen Saal, wo sie einen prächtigen Imbiß vorfanden, den der Zauberer für seine Freunde hatte anrichten lassen, die ihn gerade an diesem Tage besuchen kommen sollten, aber nicht einzutreten gewagt hatten, als sie erfahren hatten, daß der König da sei.

Da der König nun von den guten Eigenschaften des Herrn Marquis von Carabas entzückt und auch seine Tochter ganz in ihn vernarrt war, und da er die großen Güter sah, die er besaß, sprach er zu ihm, nachdem er fünf oder sechs Becher getrunken hatte:

»Es liegt nur bei Euch, Herr Marquis, ob Ihr mein Schwiegersohn sein wollt.«

Der Marquis nahm unter tiefen Verbeugungen die Ehre an, die ihm der König erwies, und noch am selben Tage heiratete er die Prinzessin. Der Kater wurde ein großer Herr und stellte den Mäusen fortan nur noch zu seiner Zerstreuung nach[1].

Der Tod des Vaters

Ein Müller hinterließ als einziges Vermögen den drei Kindern, die er hatte, nur seine Mühle, seinen Esel und seinen Kater.

Trauer ist bei der Müllersfamilie eingekehrt. Drei Söhne stehen am Grab ihres Vaters. Er hat es zu keinerlei Wohlstand, Amt und Würden gebracht; dennoch denken sie daran, wie fleißig und rechtschaffen er gewesen war. Der Älteste sieht Arbeit und Verantwortung auf sich zukommen. Aber daran ist er schon gewöhnt. Früh hatte er dem Vater zur Hand gehen müssen, und in der letzten Zeit, während dessen Krankheit, hatte er schon fast allein den kleinen Betrieb weitergeführt. Sein jüngerer Bruder war ihm dabei helfend beigestanden.

Etwas verloren steht der Jüngste da. Er ahnt erst, daß seine bisherige Welt am Zusammenbrechen ist. Den Vater hat er verloren, von einer Mutter hören wir nichts. Gelegentlich hatte es ihm schon gedämmert, daß seines Bleibens auf der Mühle auf die Dauer nicht sein konnte. Eines Tages hätte ihn der Vater nicht mehr nähren mögen und weggeschickt.

Aber die Ahnungen, die ihn gestreift hatten, rüttelten ihn nie richtig auf. Armut konnte ihn nicht schrecken, daran war er gewöhnt, ja er hatte mit der Luft in der Familie schon etwas von der Gewöhnung an Unglück aufgesogen.

Unser Märchen beginnt, wie viele Werke der Literatur, mit dem Zusammenbruch einer bisherigen Welt und führt durch die Krise zu einer neu errungenen Harmonie.

Der Dritte darf nun nicht mehr Kind bleiben. Er muß selbständig und erwachsen werden. Das heißt wortwörtlich, er muß ohne fremde Stütze selber stehen, auf eigenen Füßen und auf dem Boden der Wirklichkeit; und er muß so groß werden, wie seine Natur es ihm für Körper und Geist vorbestimmt hat.

Sosehr sich Kinder, Pubertierende und Jugendliche nach dem Groß-sein-Dürfen sehnen, sie fürchten es heimlich auch. Denn bis sie eine neue Lebens- und Liebesgemeinschaft in der Partnerschaft gefunden haben, leben sie gleichsam in einer Zwischenwelt, strecken sich nach dem vor ihnen liegenden Glück aus, sehnen sich aber – bis es erlangt ist – mehr oder weniger heimlich nach dem früheren. Das Schwebend-Ungewisse, ungebunden Suchende macht den eigenartigen Reiz dieser Burschenherrlichkeit aus, von der die Altherren der Studentenverbindungen wehmütig singen.

Eine schwere und zugleich schöne Zeit bricht an. Zwar sind Scheitern, Mißerfolg und Unglück möglich, aber was spricht dagegen, daß das Ende gut ausgeht?

Unser Bursche mag zu den Jugendlichen zählen, die der Versuchung der Tagträume erliegen: Stundenlang verweilen sie im Hochgefühl künftiger Erfolge. Man hat uns in meiner Jugend sehr vor der Gefahr

22

des Tagträumens gewarnt. Meines Erachtens zu Unrecht. Nach meiner Erfahrung vergeht die Lust an diesen süß-dumpfen Träumen mit zunehmender Reife von selbst. Sie ist eher als Symptom pubertierenden Strebens zu werten. Ja ich rate meinen Schülern gelegentlich, vor allem im Zusammenhang mit der Wahl ihrer Studienrichtung oder anderer Lebensziele, auf ihre Tagträume zu hören und ihnen abzulauschen, welches die tiefen Sehnsüchte des Herzens, die erwünschten Formen eines für sie idealen Lebens sein könnten. Denn diese sind es, die in Tagträumen aufbrechen. Allerdings noch in Realitätsferne. Und darin liegt die Gefahr. In Tagträumen wird nämlich das Schwierige umgangen, die Hürde immer genommen. Man ist der strahlende Held. Sie müssen daher durch realitätsbezogene Überlegungen korrigiert werden. Sonst drohen sie zu überwuchern, und der Junge könnte sein Herz mit Wünschen, die stets leicht zur Hand sind, übermästen.

Er muß auch der Versuchung des Mephisto widerstehen und darf nicht mehr im Augenblick verweilen. Tod, Abschied, Trauer, Zusammenbruch einer Beziehung erweisen sich auch für ihn als eine Chance, zu beweisen und zu erleben, was einer aus sich machen kann. Er hat zwar fast nichts als die Unbekümmertheit seiner Unreife und die Offenheit des Werdenden. Jedoch:

»Wer fertig ist, dem ist nichts recht zu machen, ein Werdender wird immer dankbar sein.«[2]

Und er bekommt als Mitgift einen Kater.

Der benachteiligte Dritte

Die Teilung war bald gemacht; weder Notar noch Prokurator wurden dazu gerufen – die hätten das armselige Erbe nur zu rasch verzehrt gehabt. Der Älteste bekam die Mühle, der Zweite bekam den Esel, und der Jüngste bekam nur den Kater.
Dieser Jüngste war untröstlich, einen so geringen Anteil bekommen zu haben. Er sagte:
»Meine Brüder können ihren Lebensunterhalt ehrlich verdienen, indem sie sich zusammentun; ich aber…«

Das Kräfteverhältnis unter den drei Brüdern offenbart sich auf fast brutale Weise bei der Erbteilung. Die beiden Älteren halten zusammen, und die Art, wie der Jüngste abgespeist wird, empört uns. Der Text erzählt knapp, aber doch recht genau, wie die Sache passiert sein muß.

Ganz offensichtlich wird der Jüngste durch zwei Maßnahmen regelrecht überrumpelt. Erstens geht das Ganze sehr schnell. »Die Teilung war bald gemacht« hat nämlich eine doppelte Bedeutung. Zuerst verweist das auf die Geringfügigkeit des gesamten Erbes. Aber bei der herrschenden Armut wäre gerade die Dürftigkeit der Erbschaft ein Grund für ein sorgfältiges Teilen. Doch mit einer solchen Forderung dringt der Jüngste nicht durch.

Zweitens: Man einigt sich gütlich. Gütlich aber heißt hier: auf Kosten des Dritten. Denn selbst wenn die Honorare der Rechtsanwälte fast alles aufgezehrt hätten, ihm, dem Jüngsten, wäre gewiß nicht noch weniger zugefallen. Was da also vorgebracht wird, sind nur die Argumente der beiden größeren Brüder. Ihre Rechnung ist auch prompt aufgegangen. Der Jüngste war ihnen in der Auseinandersetzung nicht gewachsen. Wahrscheinlich hat er seinen stärksten Trumpf, die Drohung mit dem Gericht, nicht einmal ausgespielt!

Wenn ihm zu raten wäre, müßte man ihn dringend ermuntern, in den Verhandlungen auf die Aussichtslosigkeit seiner Lage hinzuweisen. Zu sagen, was das für ihn an Schmerz, Entbehrung und Einsamkeit bedeuten wird. Es ist nämlich nicht so, daß er nicht begriffen hätte, worum es geht. Er weiß sehr wohl um die Tragweite dieser Teilung. Im Selbstgespräch klagt er vor sich hin, und es ist gut, daß er wenigstens auf diese Art sein Elend fühlen und ausdrücken kann.

Offenbar ist das Ich des Jungen noch zu schwach. Er wird noch viel erleben und an sich arbeiten müssen, um offen zu sich und seinen Bedürfnissen zu stehen und sich von hier aus den Anforderungen der Umwelt stellen zu können. Im täglichen Umgang mit Jugendlichen meine ich feststellen zu können, daß die Jungen heute selbstbewußter geworden seien. Wenn man dann vor Erwachsenen eine solche Feststellung macht, erntet man sofort Zustimmung; wenn man gar noch beifügt, daß dagegen Anpassungsfähigkeit und -bereitschaft eher weniger entwickelt seien, ist die Zustimmung fast allgemein. Aber das Ganze ist eine ungeheure Verallgemeinerung. Es gibt sie auch heute noch in recht großer Zahl, jene unglücklichen (oder nur um den Preis des Bravseins glücklichen) Kinder und Jugendlichen, die von dem tiefen Gefühl begleitet sind, irgendwie im Wege zu stehen. Sie meinen, man könne sie nur gernhaben, solange sie gefällig, eilfertig, dienstbereit und zurückhaltend sind. Sie halten einen Teil von sich selbst zurück. Sie leben in dem ständigen Widerspruch, daß sie sich ihre Existenzberechtigung gleichsam mit ihrer Nichtexistenz erkaufen. Das Tragische an der Situation dieser Menschen liegt darin, daß ihre Grundannahme auf einem Irrtum beruht. Natürlich ist die Umgebung vorerst über jeden froh, der sich anpaßt, keinerlei Schwierigkeiten macht und hilfsbereit ist. Wenn diese Braven sich aber einmal zu wehren beginnen, erleben sie zu ihrem großen Erstaunen, daß die andern diese neue Haltung als etwas akzeptieren, mit dem sie gerechnet hatten. Klugen Eltern fällt bei den ersten Anzeichen von erstarktem Selbstbewußtsein ein Stein vom Herzen. Wie wohl täte es den Kindern, wenn sie von dieser insgeheimen Solidarität der Eltern etwas spüren dürften!

Unser Märchentext sagt noch etwas: Nicht nur weiß der Junge sehr wohl um seine prekäre Lage; er hat auch schon erkannt, welches Elend das größte sein wird. Nicht daß er arbeitslos ist, kein Dach mehr über dem Kopf hat und vielleicht hungern muß. Das karge Erbe bedeutet den Hinauswurf aus der familiären Geborgenheit. Die Einsamkeit wird das Allerschlimmste sein. Die beiden andern können sich zusammentun. Sie dürfen rechtschaffen bleiben und ihren Lebensunterhalt ehrlich verdienen. Sie respektieren das bestehende Gesetz. Er muß es vielleicht in Frage stellen. Er wird vorläufig niemanden haben, der für ihn da ist, mit ihm ein Stück Weges geht, ihn anhört, ermuntert, liebt. Er mag seinen Kater halten wie Millionen ihren Hund: als einziges Wesen, das ihn begleitet und sich an ihm freut. Und dies als kümmerlichen Ersatz für die tausend kleinen Unbekömmlichkeiten des Alleinseins, die, zusammengenommen, so schwer wiegen wie das Alleinsein im Bett: Sie trinken ein Glas Wein, und niemand sagt Prosit, und keiner wünscht Gesundheit, wenn Sie niesen müssen.

In der Not der Einsamkeit liegt für den Burschen eine Chance für seine Weiterentwicklung. Wer vorübergehend isoliert ist, muß sich auf das Eigene besinnen, auf sich selbst stehen. So nahe liegen Unheil und Heil (Heilung) beisammen. Vielleicht zerbricht er an der Herausforderung, aber ganz gewiß kann er sich nun nicht mehr in einer heilen Welt einmummeln und kindlich-abhängig bleiben. Könnte er sein Geschick wählen, er würde vielleicht auch den sicheren Weg gehen. Er würde zwar existieren. Aber was geschähe mit seinen kreativen Kräften? Er ist zu Höherem berufen. Er soll König werden. Davon weiß er noch nichts. Aber daß er ein Mann werden muß, weiß er jetzt, und vielleicht ahnt er auch schon, daß sein Fortgehen-Müssen nicht nur Nachteile hat.

Das benachteiligte Kind, das es trotz eines schweren Starts im Leben zu Großem bringt und ein höheres Glück erreicht als seine Geschwister, ist ein Märchenmotiv, mit dem wir dank dem Aschenputtel alle vertraut sind. Das Motiv ist tröstlich, und es fordert heraus. Jedem ist etwas versagt geblieben. Vielen hat eine harte oder karge Jugend Erfolge erschwert, wenn nicht gar unmöglich gemacht. Aber diese Art Märchen lehrt uns auch, daß wir uns auch selber vieles versagen. Auch diese Möglichkeit drückt das Wort »Versager« aus! (Wie so oft deckt hier die Sprache einen innern Zusammenhang treffend auf.) Es liegen helfende Kräfte in uns, die darauf warten, in Anspruch genommen zu werden. Der Junge im Märchen ist zwar untröstlich; aber er läßt sich das Leben nicht verbittern, sondern packt sein Schicksal mutig an. Kein Wort von Neid oder Haß! Bitterkeit, Neid und Haß sind Gefühle, die unsere innern Kräfte blockieren.

Bisher haben wir die dramatische Situation so gesehen, wie wir uns ein Theaterstück ansehen oder eine Erzählung lesen: Der dritte Sohn steht als Protagonist in einem mitmenschlichen Umfeld und einem entsprechenden Beziehungsgefüge, mit Helfern und Konkurrenten, die ihm das Leben erleichtern oder schwermachen. Bei Märchen ist eine andere Sicht ebenfalls möglich und sinnvoll: Die verschiedenen Handlungsträger verkörpern je verschiedene seelische Kräfte und Möglichkeiten derselben Person. Gespielt wird dann das innere Drama eines Menschen mit mehreren Akteuren, welche die positiven und zerstörerischen Kräfte darstellen. In dieser Sicht bekommt der dritte Sohn eine ganz andere Bedeutung. Er stellt die jüngste, noch am wenigsten ausgereifte Entwicklungsstufe des Ich dar, und zwar jene, die sowohl in der Entwicklung des einzelnen Menschen als auch in der seelischen Entfaltung der Menschheit insgesamt zuletzt sich ausprägt. Der erste Sohn ist demnach die Personifizierung des (schon starken) Empfindungslebens, der zweite repräsentiert die Denkkraft des Bewußtseins. Der dritte Sohn aber steht für »das Geistwollende«[3], das die Führung erst noch antreten soll. Er stellt den Willen zur Ganzheit dar, nach der starke, noch unbewußte seelische Kräfte streben. Die Psychologen nennen diesen letzten Reifungsprozeß, der dem dritten Sohn vorbehalten ist, Individuation. Und das Märchen belehrt uns darüber, daß das vollendete Glück und das neue Königreich ihm vorbehalten sind. Aber zuerst muß dieses Ich noch wachsen und einen weiten Weg zurücklegen.

So erstaunt es jetzt auch nicht mehr, daß die beiden Großen schon selbständig sind und sich zusammentun. Daß sie den Jüngsten so empörend billig abfertigen, ist vielleicht Ausdruck dafür, daß die jetzt herrschenden Kräfte des Ich spüren: Da ist etwas Neues im Werden. Die Reife des Dritten wird auf unsere Kosten gehen. Jede Veränderung der seelischen Konstellation weckt Widerstände. Die jetzt Mächtigen ahnen im voraus, daß sie vom Throne gestürzt werden. Wenn der Dritte einmal gereift ist, verlieren die beiden andern ihre Souveränität und haben sich unterzuordnen. Sie bleiben Müller, aber im Reiche des Königs, und der Jüngste wird eben der zukünftige König sein.

Das Märchen läßt von dieser Stelle an die Figuren der beiden älteren Brüder außer acht. Aber die Kräfte, die sie darstellen, sind im Jungen natürlich weiterhin wirksam. Und gelegentlich wird es auch Streit zwischen den zwei älteren Brüdern geben. Auch sie müssen zu einer neuen Ordnung finden und ihr gegenseitiges Machtverhältnis klären. Der Vater ist ja erst kürzlich gestorben. Solange er da war, herrschte mit ihm die ordnende Kraft der Tradition. Er ist in der Familie das, was im Königreich der alte König darstellt. Nun ist die normative Kraft durch seinen Tod geschwächt, ja in Frage gestellt. Mit dem drohenden Zerfall der Macht des Herkömmlichen ist Raum für neue Machtkonstellationen entstanden. Psychologisch gesehen, lebt zwar der Vater weiter in den Wertvorstellungen der Jungen. Wir sagen, jemand habe die Grundnormen der Erziehung internalisiert, also in sich aufgenommen. Das heißt aber nicht, daß ihre Gültigkeit für immer gesichert sei. Allmählich oder plötzlich kann ihre Fragwürdigkeit offenbar werden. Manchmal stimmen sie nicht mehr, weil die Umwelt sich verändert hat; manchmal stellt das Leben selbst Entscheidungsaufgaben, für die aus dem Vorrat dieser Über-Ich-Instanz keine passenden Lösungen bereitstehen. Es kommt zu Wertkonflikten, zu Auseinandersetzungen. Ein solcher Wertstreit ist besonders dann schmerzlich, wenn der Vater zu Lebzeiten ungefragt herrschte. Es ist seltsamerweise schwerer, sich mit den verstorbenen Eltern auseinanderzusetzen als mit den lebenden. Solange sie leben, haben die Jungen die Chance, zu erleben, wie das scheinbar starre Normengefüge auch in den Köpfen und Herzen der Eltern nicht so völlig fraglos und unverrückbar ist, wie ihnen das als Kleinkind vorkam.

Im neuen Freiheitsraum mag die Auseinandersetzung der beiden Brüder etwa so verlaufen: Der emotionale Bewußtseinsanteil wird mit dem denkenden um die Vorherrschaft ringen. Je nach Veranlagung, Alter und Beruf wird die eine der beiden Kräfte vorherrschend werden. Manchmal wirkt in einem Lebensbereich, etwa dem Beruf, fast ausschließlich das Denkerische, während in der Familie und in der Freizeit das Emotionale durchaus auch zum Zuge kommt. Eine Reihe von Jahren kann ein Mensch sich so im Gleichgewicht halten. Gefährlich wird es erst, wenn der dritte Junge und damit alles, was noch Entwicklungsmöglichkeiten und Zukunft in einem Menschen enthält, sich nicht auf den ihm vorgezeichneten Weg macht. Dann wird fast mit Sicherheit die innere Ganzheit nie zustande kommen. Und solange sie fehlt, droht immer das Emotionale alles zu überschwemmen oder das Denken alles einem eisernen Gesetz zu unterwerfen.

Diese Auseinandersetzung wird also den Jungen auf seinem ganzen Reifungsprozeß begleiten. Welcher der beiden Kräfte ist der Vorzug zu geben? Die ordnende Kraft des Denkens und Wollens ist von größter Wichtigkeit. Aber im Grunde lebt der Mensch doch gesünder und lebendiger, wenn das Emotionale überwiegt. Der Kontakt mit den Tiefenschichten bleibt so eher gesichert.

Die Ganzheit des Lebendigen kommt in der gesamten Lebensführung und bei den anstehenden Entscheidungen besser zum Tragen als bei den vorwiegend Kopflastigen. Das Leidenschaftliche ist nicht so abgeschnürt, daß es auf verschlungenen

Geheimpfaden durchbrechen muß. Wir wissen, daß psychische Erkrankungen bei Studenten signifikant häufiger auftreten als bei den andern Gleichaltrigen. Studenten zahlen eben einen hohen Preis für den Vorrang des Rationalen. Und in dem Maße, wie das Rationale dominiert, wird auch die Versuchung stärker, von der nun zu reden sein wird und der auch unser Bursche beinahe erliegt.

Die Versuchung

»Ich aber, wenn ich meinen Kater gegessen und mir aus seinem Fell einen Muff gemacht habe, ich muß Hungers sterben.«

Der Müllerssohn erliegt einer sehr männlichen Versuchung: Er überlegt, was der Kater ihm in seiner schwierigen Lage bieten kann: Nahrung für ein paar Tage und Schutz gegen kalte Hände. Dazu muß er allerdings seinen Kater töten. Mit einer Selbstverständlichkeit, die zu denken gibt, ist er bereit, ihn zu vermarkten; er weiß ja auch noch gar nicht, welche Möglichkeiten sich ihm bieten, wenn er ihn leben läßt.

Statt ihn vorschnell zu verurteilen, lohnt es sich, das Positive an der Reaktion des Jungen mitzubedenken.

Trotz seiner scheinbar ausweglosen Situation bewahrt er einen kühlen Kopf und *denkt nach*.

Nachdenken ist heilsam. List und Pfiffigkeit sind reale Kräfte der Lebensgestaltung und Selbstbehauptung, die auch im Märchen ihren Platz haben (etwa im tapferen Schneiderlein!). Trotz der Kopflastigkeit unserer Zivilisation ist das Nachdenken (und das ebenso wichtige Vorausdenken) eine eher selten geübte Gewohnheit. Das hat mit der Denkfähigkeit an sich nichts zu tun. Vielmehr versagt im gewöhnlichen Alltag, auch im schulischen, bei vielen das Denken, weil sie sich das Denken versagen.

Ich habe mir im Unterricht schon die Boshaftigkeit erlaubt, mich bei der Erörterung einer Frage in immer offensichtlichere Widersprüche zu verwickeln. Meist genügt es, ein, zwei Aufmerksame durch einen Wink um Zurückhaltung zu bitten. Es erstaunt, wie viele keinerlei Einspruch erheben, ihre eigenen Überlegungen und Erfahrungen nicht einbringen, sondern womöglich brav aufschreiben, was doch offensichtlich unsinnig ist.

Beobachten Sie selbst, wie oft am Tag Sie wirklich überlegen. Wahrscheinlich tun auch Sie es viel seltener, als Sie meinen. Und so kommt es, daß allmählich die Gewohnheit, dieser an sich wichtige Helfer, zum Tyrannen wird. Gerade ältere Menschen sind es oft müde, sich auf Neues einzulassen; zu oft enttäuscht, zu oft bestärkt durch frühere Erfahrungen, bauen sie so sehr auf diese, daß kaum mehr Platz bleibt für alternatives Vorgehen, und dies sogar in Bereichen, in denen sich die vertrauten Lösungen inzwischen am eigenen Leib als untauglich erwiesen haben.

Streß ist zu einem großen Teil das hausgemachte Produkt der inneren Weigerung, die Dinge in der richtigen Reihenfolge zu erledigen. Fällt es Ihnen auch schwer, eine liebgewordene Arbeit, die Sie gerne noch beenden möchten, zu lassen, um zuerst die Sitzung vorzubereiten, die in zwei Stunden beginnt?

Menschen, die innerlich von einem gewissen

Wohlwollen getragen sind, ebenso solche, die von einem Gefühl hochgemuter Lebenszuversicht erfüllt sind, unterlassen es besonders leicht, die Folgen ihres Verhaltens klug vorauszubedenken. Ihre Hochstimmung hindert sie daran, mit der Mißgunst der Umwelt zu rechnen.

Nüchternes Nachdenken kann viel zur seelischen Ausgeglichenheit beitragen. Meine Mutter hat mir das in ihren Steuerangelegenheiten vorgemacht. Wir lebten in finanziell sehr dürftigen Verhältnissen, und selten war es uns möglich, die Steuern rechtzeitig zu entrichten. Mit Schmunzeln erinnere ich mich noch heute an Mutters Reaktion auf die geharnischten Mahnbriefe der Gemeindebehörde. Stand da, wir seien nun die letzten, die noch nicht bezahlt hätten, so vermerkte Mutter trocken, das vervielfältigte Schreiben lasse vermuten, daß die Zahl der säumigen Zahler nicht ganz klein sei. Mahnte uns später ein nicht mehr vervielfältigter Brief, so meinte sie, die Lage sei nun für die Gemeinde nicht mehr schlimm, da offenbar fast alle andern bezahlt hätten. Sie blieb dank ihres Denkens recht unbekümmert. Oder war es ihre Unbekümmertheit, die das Denken erst zuließ?

Der Junge denkt nicht nur nach, *er trifft auch eine Entscheidung.* Er überläßt sich nicht seinem Elend. Er jammert auch nicht andern vor, sondern überlegt sich, was er mit dem ihm Verfügbaren nach seiner Erfahrung tun kann. Dann ist er gewillt, zur Tat zu schreiten.

Sich in seiner Entschlußkraft blockieren zu lassen kann gefährlich sein. Gefährlich vor allem für die seelische Befindlichkeit. Wir verkümmern, geben

Hoffnungen auf, übergeben uns der Verantwortung anderer und verlieren die Selbstachtung. Es ist deshalb weit besser, in schwieriger Lage einen mutigen Entscheid zu treffen und ein Problem tatkräftig anzupacken, auch wenn nicht alle Ergebnisse bis ins letzte vorausbedacht werden konnten. Das Tun bricht die Lähmung. In ihm selbst liegen Lösungsmöglichkeiten. Man sollte sich daher hüten, die Zügel zu sehr schleifen zu lassen. Packen wir's an! Es geht! Und selbst wenn nicht alles gelingt, haben wir die Genugtuung, es wenigstens versucht zu haben. »Potuerunt hi, potuerunt illi, cur non et ego?« (Es konntens die, es konntens jene, warum nicht auch ich?) sagt Augustinus. Wenn allerdings ohne ersichtlichen Grund Müdigkeit, Abgespanntheit, Lustlosigkeit uns hindern, unsere Aufgaben anzupacken, und wenn dieser Zustand andauert, so ist wohl der Arzt zu Rate zu ziehen oder psychotherapeutische Hilfe in Anspruch zu nehmen.

Schüler zeigen sich oft betroffen, wenn sie über die Versuchung des Müllerssohnes nachdenken. Sie empfinden die Aktualität der Bedrohung durch eine typisch männliche Denkungsart. Aber ihre berechtigte Kritik an unserer rationalistischen Einstellung und den herrschenden Leistungszwängen droht zu Unrecht logisches Denken und Entschlußkraft in Mißkredit zu bringen. Dabei ist es für das seelische Gleichgewicht von Bedeutung, daß wir die positiven Werte dieser Fähigkeiten und ihre Funktion im Leben vor Augen behalten. Ein stabiles, starkes Ich gibt außerdem einen besseren Partner ab für die Begegnung mit dem Kater.

Erst der ganze Handlungsablauf des Märchens zeigt uns, was wir verlieren, wenn wir den Kater töten, das heißt den Kontakt mit unserem Unbewußten leichtsinnig abbrechen. Den Kater töten heißt, Gefühl, Gespür, Sensitivität abtöten und verstummen lassen; der Intuition, jener Denkkraft des Herzens, nichts mehr zumuten; die Lebensziele nach Karriere, Macht, Geld, Ansehen ausrichten und dem Tun den Vorrang vor dem Abwarten und Träumen zuordnen.

Der Anruf des Katers hält den Burschen davon ab, sein Leben auf die vermarktbaren Dinge einzuschränken, und ermutigt ihn, eine große Reise nach innen zu buchen. Und allmählich lehrt uns das Märchen, die Stationen dieser manchmal beschwerlichen, aber schließlich beglückenden Reise zu erfahren.

Gesucht: ein Held

D er Kater wird nun in unsere Geschichte eingreifen. Darum soll hier von seinem Platz in unserem Märchen die Rede sein.

Tatsächlich ist die Lage etwas verworren. Wir wissen zwar, daß Tiere als Helfer in vielen Märchen eine Rolle spielen. Unser Kater aber ist eindeutig mehr als eine Figur, die in einem kritischen Moment helfend eingreift. Er ist immer da. Zuerst im Hintergrund; am Schluß der Geschichte tritt er ebenfalls wieder zurück. Dazwischen übernimmt er recht eigentlich die Führung. Und er ist der Titelheld der Geschichte. Trotzdem identifizieren wir uns beim Lesen nicht mit ihm, sondern mit dem Jungen. Dessen Risiko macht uns zeitweise bange, dem Kater aber vertraut man. Auch ist sein ganzes Handeln auf den Jungen ausgerichtet. Daß der Müllerssohn sein hohes Ziel erreicht, scheint eigentlich das Hauptziel des Katers zu sein.

Dies alles legt nahe, Kater und Burschen nahe beieinander zu sehen. Vor der Erforschung der Tiefenpsyche hätte man ihn als eine andere Seite des Ich bezeichnen können, als jemand, der mit dem Jungen in einer Art Participation mystique tief verbunden ist. Er ist wohl das, was die Griechen den Daimon des Menschen, die Römer dessen Genius nannten: jene innere, zumeist noch unbewußte Zielkraft der Seele (Entelechie), die zugleich den Willen und das Vermögen dessen symbolisiert, wozu ein Mensch berufen ist.

Wenn wir jedoch die Erkenntnisse der Tiefenpsychologie mit einbeziehen, läßt sich das Verhältnis der beiden etwa so verstehen: Der Bursche stellt das Bewußtsein, das Ich dar; der Kater ist eher ein Symbol der Kräfte des Unbewußten, des Selbst, also jenes Zentrums unserer Seele, die gleichsam Führer bei der Ich-Ausformung ist. Die wichtigste Tendenz dieser Kraft besteht darin, den Menschen zur Ganzheit zu führen.

Das Thema des »Gestiefelten Katers« ist das richtige Verhältnis des Ich zum Unbewußten. Diese richtige Beziehung ist die Voraussetzung dafür, daß einer erfährt, was er aus sich machen kann.

Haben wir tatsächlich so einen Wegweiser, der uns zur Weiterentfaltung drängt und uns dabei hilft?

Ein überdurchschnittlich begabter Mann mittleren Alters litt trotz seiner angesehenen Stellung unter seltsamen Beeinträchtigungen seiner Selbständigkeit. Als tüchtiger und gewandter Mitarbeiter geschätzt, erhielt er mehrmals Angebote für Aufstiegsmöglichkeiten. Eigentlich hätten die angebotenen Aufgaben ihn sehr interessiert, und er war sich bewußt, daß er grundsätzlich fähig gewesen wäre, sie zu übernehmen. Aber jedesmal, wenn er sich dazu entschloß, stellten sich psychosomatische Beschwerden (zum Beispiel Abfall des Blutdrucks) ein. So blieb er der »geborene« stellvertretende Leiter. Erschwerend kam hinzu, daß er zum Beispiel auf Reisen das Alleinsein als beängstigend empfand. Eine überstarke Bindung kettete ihn an seine Familie. Die moralischen Ansprüche, die er an sich stellte, waren hoch, und es schien ihm fast unerträglich, nicht mit »reiner Weste« dazustehen. Eines Nachts hatte er folgenden Traum:

Ein Priester beauftragt ihn, die Beerdigung eines Kindes zu übernehmen. Eine große Trauerfamilie ist am Grab versammelt. Da sagt ihm der Küster, der Kindersarg befinde sich im Koffer seines Wagens. Der Mann geht zu seinem Wagen und stellt fest, daß die Räder im Sand tief eingesunken sind. Hinter dem Auto sitzt auf einer Bank ein älterer Mann. Der Träumer warnt ihn, daß er ihm beim Anfahren Unannehmlichkeiten bereiten könnte. Helfer kommen und schieben das Auto weg. Nun ist er auf der Straße und merkt, daß er nicht nach unten fahren, sondern wenden soll. Das Wendemanöver führt wieder zu einer geringfügigen Kollision mit dem älteren Herrn. Nachdem er auch gewendet hat, kann die Trauerzeremonie durchgeführt werden. Der Träumer weiß nur noch, daß einige nahe Verwandte heftig geweint, andere dagegen wenig Anteilnahme gezeigt haben.

Soweit der Traum. Wie der Mann erzählte, ärgerte er sich sehr über diesen Unsinn. Dann fiel es ihm wie Schuppen von den Augen. Blitzartig erkannte er, daß der Traum ihn aufrief, das Kind in ihm selbst zu beerdigen, das Gewohnheitsmäßige, das ihn festnagelte, zu überwinden und eine neue Richtung einzuschlagen. Das Dasein von Helfern empfand er als sehr tröstlich. Im älteren Mann erkannte er seinen Vater. Offenbar war hier noch eine Auseinandersetzung mit dem Vaterbild fällig, doch der Traum tröstete ihn, indem er ihm sagte, die »Kollision« sei nur geringfügig.

Das ist die Führungsweise (oder eine der Führungsweisen) des Katers. Er stellt durchaus reale seelische Kräfte dar, die man ernst nehmen sollte.

Daß diese Kraft sich als Kater darstellt, ist nicht zwingend. In der französischen und italienischen Tradition ist es häufig eine Katze, bei den Griechen pflegte ein Fuchs diese Rolle zu spielen, in afrikanischen Märchen finden wir Gazelle oder Schakal. Gelegentlich ist es auch ein dankbarer Toter. Aber die Katze nimmt in der Welt der Symbolik auch sonst einen eindrucksvollen Platz ein. In der persischen Tradition bekommt der, welcher eine Katze quält, es mit seinem eigenen hemzâd zu tun. *Hemzâd aber ist der Geist, der zugleich mit dem Menschen selbst zur Welt kommt, um ihm schützender Begleiter zu sein.* Die Pawness-Indianer Nordamerikas wissen um Pfiffigkeit, Beobachtungsgabe und Erfindungsgeist der Wildkatze, *die ihre Ziele immer erreicht.* Dieselbe Gabe des magischen Scharfblicks veranlaßte Medizinmänner Zentralafrikas, ihre Medizintaschen vorzugsweise aus dem Fell der Wildkatze zu verfertigen. Und Kambodschaner pflegten bei Dürre Hausprozessionen mit einer gefangenen Katze durchzuführen, weil sie ihr die magische Kraft zutrauten, *das lebenspendende Wasser fließen zu lassen.*

Der Anruf

Der Kater, der diese Rede hörte, es sich aber nicht
merken ließ, sagte mit gewichtiger und ernsthafter
Miene zu ihm:
»Seid nicht traurig, mein Herr; Ihr braucht mir nur
einen Sack zu geben und mir ein Paar Stiefel machen
zu lassen, mit denen ich durch das Gestrüpp laufen
kann, und Ihr sollt sehen, daß Ihr nicht so schlecht
gefahren seid, wie Ihr glaubt.«
Obwohl der Herr des Katers nicht zu sehr darauf
baute, hatte er ihn immerhin so viele geschickte
Streiche machen sehen, um Ratten oder Mäuse zu
fangen (indem er sich etwa an den Füßen aufhing
oder sich im Mehl versteckte und tot stellte), daß er
durchaus nicht ohne Hoffnung war, von ihm Hilfe in
seinem Elend zu erfahren.

Stellen wir uns die Verblüffung des Burschen vor,
als er vom todgeweihten Kater angesprochen
wird! Nicht nur daß er spricht, ist für ihn überraschend, sondern wie er es tut.

Der Kater hat alles mit angehört, läßt sich aber
zuerst nichts anmerken. Er verfügt über weit mehr
Wissen, als der Junge ihm zutraut; aber er hausiert
nicht gleich mit all seinem Wissen und Können. Er
wird erst tätig, als der Junge sich seine Bedingungen

angehört und sie erfüllt hat. Und der erste Anruf ist durchaus diskret: Obwohl er doch eigentlich in Todesnot ist, bleibt der Kater ganz ruhig, gemessen und würdig. Er erkennt die Vorherrschaft des Burschen in seinem Bereich an und spricht ihn nicht mit dem vertrauten Du an. Keinerlei Anbiederung. Er zeigt zwar tröstendes Verständnis, nennt aber auch klare Bedingungen. Sein Versprechen ist eher vorsichtig und allgemein gehalten. Es ist, als wollte er es vermeiden, mit Versprechungen, die ja noch billig sein müßten, den Jungen zu locken und seine Entscheidungsfreiheit einzuschränken.

Wir Leser fühlen uns da in einer besseren Rolle. Dank unseres Vorwissens kennen wir die Macht des Katers. Aber lassen wir uns nicht täuschen! Was mit dem Jungen geschieht – und was auch mit uns geschehen soll – wird im Märchen nur chiffriert skizziert. Was bedeutet für uns der Name, das Bad, Menschenfresser und Königtum? Da bleibt doch Raum für unendliche Varianten! Und jeder muß schließlich selbst erfahren, was die vorgezeichneten Stufen ihm bedeuten werden. Wenn wir das ganze Märchen befragen, ahnen wir gerade genug, daß es uns reizt, den Weg selbst auch anzugehen.

Die Schüler, mit denen ich das Märchen las, sagten, daß eigentlich hier mit dem Anruf des Katers das Märchenhaft-Unglaubliche beginne. Und wo die Geschichte zum Märchen wird, passiert es leicht, daß sie zwar interessiert weiterlesen; innerlich aber sind sie irgendwie von der Geschichte abgekoppelt. Sie beneiden den Jungen um den Anruf. »So wäre ich das Geschäft mit dem Kater auch eingegangen!« Aber zu glauben, daß sie selbst ein eigener Kater ansprechen möchte ...

Vielleicht ist auch Ihr Kontakt mit den unbewußten Kräften der inneren Führung verschüttet. Vielleicht haben Sie nicht einmal mehr, was dem Jungen blieb: die Erinnerung an frühere Leistungen des Katers. Eigene Fehlhaltungen, aber auch Erziehung und Zeitgeist fördern die Abnabelung von den tieferen Seelenschichten. Was ist zu tun, wenn wir den Anruf nicht mehr hören? Was ist zu sagen, wenn wir den Kater getötet haben?

Wir haben ihn nicht getötet. Katzen haben ein zähes Leben; nach dem Volksmund sogar deren sieben, das heißt, sie sind immer wieder lebensfähig. Wahrscheinlich ist unser Kater nicht einmal ganz verstummt. Aber wir müssen wieder hinhorchen lernen.

Allerdings: Je radikaler wir uns gegen die Mitteilungen von innen abgeschnürt haben, desto mehr Mühe wird es uns machen, den rechten Umgang mit dem Kater wieder zu erlernen. Denn da ist viel Schutt wegzuräumen, der wie ein Damm den freien Fluß der Kräfte zwischen dem Unbewußten und dem Bewußten hemmt. Aber schließlich verhält es sich doch so wie mit dem Neuerlernen einer Sprache, die wir als Kinder sprechen konnten, aber inzwischen fast ganz verlernt haben: Wenn wir uns wieder ein wenig mit ihr vertraut gemacht haben, fällt uns das Wiedererlernen bald leichter. Und wir haben vor allem das Wesentliche, später nicht mehr Erlernbare, als unsern Besitz: den Sprechakzent, die Sprachmelodie, Intonation und Rhythmus.

Wir müssen deshalb hier davon reden, wie der Kontakt zum Unbewußten wieder aufgebaut werden kann. Dabei darf man allerdings nicht vergessen, was zum Wesen des Anrufs gehört: Er ist nicht einfach machbar, vorprogrammierbar. Zeitpläne und Ungeduld sind da fehl am Platz. Das Unbewußte hat seinen eigenen Rhythmus, und es empfiehlt sich, ihm gegenüber eine Haltung respektvollen Wartens und einen Geist des Annehmens einzunehmen.

Das Unbewußte spricht über viele Kanäle. Oft spricht es uns durch Gefühle an. Emotionale Offenheit ist das Bachbett, durch das der Strom von innen zu uns fließt. Gefühle geben dem Leben Klangfarbe und Kolorit. Sie beheimaten, weil sie an die Welt als Ganzes, an die Natur und alles Kreatürliche, an das Animalische im Tier und in uns selbst (der Kater!) binden. Wer wenig fühlt, ist arm und halbtot. Wer fühlen darf, nimmt beglückt und weinend, staunend und demütig Anteil am Leben.

Der berühmte Brief des Indianerhäuptlings Seattle sagt treffend, was wir verloren haben: »Was ist das für ein Leben, wenn ein Mensch den lieblichen Ruf des Whippoorwill nicht hören kann oder die Stimmen der Frösche um einen nächtlichen Tümpel? Ein Indianer liebt den weichen Klang des Windes sehr, wenn er über das Gesicht eines Sees streicht, und den Duft des Windes, wenn er von einem Mittagsregen reingewaschen ist oder von einer Pinonkiefer mit süßem Geschmack beladen ist. Die Luft ist dem Roten Mann teuer, deshalb, weil alle denselben Atem haben: die Tiere, die Bäume, die Menschen ... Was ist der Mensch ohne die Tiere? Wenn alle die Tiere nicht mehr da wären, würde der Mensch an der großen seelischen Einsamkeit sterben, denn alles, was den Tieren widerfährt, trifft auch die Menschen. Alle Dinge sind miteinander verbunden. Was immer der Erde zustößt, stößt auch den Söhnen der Erde zu!«[4]

Das Erdreich, in dem unsere Gefühle wurzeln, die Anklopfstelle, aus der das Wasser für unsere manchmal in einer öden Wüste dürstende Seele aufspringt, ist unser Körper. Unser Fühlen ist ganz eng mit dem Körper verbunden. Blockierte Gefühle (zum Beispiel aus nicht verarbeiteten Erlebnissen) oder gewohnheitsmäßig unterdrückte Gefühle (aus einer falschen Erziehung) legen sich im Körper fest. Was wir nicht lachen, weinen, klagen oder wüten konnten, spricht zu uns als Verspanntheit, Krampf, angehaltener Atem oder als Würgen im Hals. Irgendwo im Leib sammeln sich die »verschluckten Tränen« eines Lebens an[5].

Was sich in den Körper verkrochen hat und dort eingeschlafen ist, läßt sich auch von dort wieder hervorholen oder wecken. Sport hilft uns, unsere Körperlichkeit wahrzunehmen. Noch wichtiger sind Entspannungsübungen, wie zum Beispiel das autogene Training, um den Zugang zu unseren Verspannungen zu finden. Nicht ohne Grund kann es vorkommen, daß dann, wenn wir solche Übungen angehen, plötzlich Empfindungen aufbrechen, die uns völlig fremd waren. Dann gilt es, ihnen nicht auszuweichen, sondern sie stehen zu lassen; man sollte versuchen, in ihnen zu ruhen, und sie beschauend nach ihrem Sinn befragen. Häufig tauchen dann Bilder auf, die auf den Ursprung oder den Charakter der Verkrampfung verweisen. Auch diesen Bildern sollten wir standhalten, weil sie uns helfen, das Ganze zu verstehen. Sind die Widerstände gegen die aufbrechenden Gefühle und Bilder zu stark, so sollte man allerdings eine Übung nicht durchzwängen wollen, sondern eher abbrechen. Es gibt überall Angebote zur Teilnahme an einschlägigen Kursen, bei denen fachmännische Überwachung und die Anwesenheit von Mitübenden die Bewältigung erleichtern.

Gefühllosigkeit ist im Märchen »Von einem, der auszog, das Fürchten zu lernen« thematisiert. Und der Märchenschluß verweist darauf, wo die Quelle der Gefühle zu finden wäre, nach der der Junge in all den fürchterlichen, aber für ihn nicht furchterregenden Situationen umsonst gesucht hat: Als ihm nämlich die Königstochter schließlich einen Eimer prikkelnden Wassers mit zappelnden Gründlingen über den Leib gießt. Jetzt endlich gruselt's ihn.

So schnelle Durchbrüche einer neuen Gefühlswelt sind natürlich selten. Aber häufig ist es so, daß zuerst schmerzliche Erinnerungen und Gefühle aufbrechen oder negative Empfindungen vorherrschen. Das darf nicht erschrecken. Was mit dem »Gruseln« anfängt, als Aggression, Wut oder Angst, wandelt sich oft zu Hilflosigkeit, Anhänglichkeit und schließlich Zuneigung. Freud und Leid sind im Kosmos der Gefühle untrennbar verbunden, ja oft ist eins nur die Kehrseite des andern. »Je tiefer das Leid in eurem Innern bohrt, um so mehr Freude vermöget ihr zu fassen«, sagt Kahlil Gibran[6]. Ein vorübergehend verstärkter Leidensdruck ist aufs Ganze gesehen heilsamer und belebender als eine andauernde Gefühllosigkeit.

Diese ist eine Art Zustand der Leblosigkeit, der im Märchen oft mit der Verwunschenheit bezeichnet ist. Der Verwunschene ist blockiert, bis die Erlösung (meist durch einen andern!) ins wahre Leben zurückruft.

Die neu erweckten Gefühle wollen auch richtig behandelt sein. Das beginnt damit, daß wir die eigene Befindlichkeit, auch eine zeitweilige Gefühllosigkeit, wahrnehmen, obwohl wir gelernt haben, daß gewisse Gefühle gar nicht da sein dürf(t)en, daß wir stets ausgeglichen oder gar fröhlich zu sein haben, auch wenn wir uns dumpf und elend fühlen. Sodann gilt es, ein Mißverständnis auszuräumen, das viel Unheil angerichtet hat. Die Wahrnehmung unserer Gefühle und deren Ausdruck sind zweierlei. Viele Hemmungen, die wir erlernt haben, sind für das ersprießliche Zusammenleben wichtig und für die Anpassung an die Umwelt hilfreich. Wehe dem Menschen, der keine Hemmungen hat, und wehe uns, wenn Menschen um uns keine Hemmungen mehr haben! Die wahre Kunst besteht darin, Gefühle, die wir mit Rücksicht auf die andern noch nicht ausdrükken dürfen, nur vorübergehend zurückzuhalten und die Äußerung gleichsam aufzuschieben. Bald wird sich Gelegenheit bieten, die Gefühle vor sich selbst oder mit einem Partner nochmals aufleben zu lassen und ihrem Ursprung nachzuspüren. In vielen Fällen müssen wir gar nicht aufschieben, sondern die richtige Art des Ausdrucks der Gefühle lernen. Es macht einen gewaltigen Unterschied, ob ich meine Wut in Beschimpfungen oder sarkastischen Bemerkungen ausdrücke, oder ob ich versuche, ernsthaft meiner

Betroffenheit Ausdruck zu verleihen. Dies wird dann meist akzeptiert, vor allem wenn ich statt in der zweiten in der ersten Person spreche.

Es gibt auch Erlebnisse, die so fürchterlich sind, daß niemand sie mehr angemessen ausdrücken kann. »Wenn der Himmel Papier und alle Meere der Welt Tinte wären, könnte ich Euch mein Leid und alles, was ich rings um mich sehe, nicht beschreiben«, schreibt ein vierzehnjähriger jüdischer Bub aus dem Konzentrationslager Pustkow in einem Brief, den er durch den Stacheldraht steckte[7]. In solch namenlosem Elend bleibt uns das dem Menschen vorbehaltene Geschenk der Tränen. Statt uns ihrer zu schämen, sollten wir dankbar sein, wenn wir noch weinen können oder es wieder gelernt haben.

Ist die Orgel der Gefühle wieder mit vielen Registern erklungen, so ist auch dies noch nicht das Spiel des vollen Werks. Auch jetzt lassen sich neue Ansprechbarkeitsbereiche entdecken und dem bisher Erlebbaren angliedern. So ist beispielsweise der Sinn für Schönheit oder Häßlichkeit menschlicher Stimmen fast ganz verkümmert, und unsere Erotik ist fast nur noch Augenerotik. Hier warten Welten des Erlebens darauf, von uns entdeckt zu werden und uns zu beglücken.

Ein königlicher Weg des Anrufs durch das Unbewußte ist der Traum. Jeder Mensch träumt; ohne Träume werden wir krank. Aber nicht jeder Mensch kann sich am Morgen an einen Traum erinnern. Diese »Funkstille« bedeutet eine Verarmung, weil unser Bewußtsein ein Buch nicht liest, in welches

Nacht für Nacht Kapitel geschrieben werden, die uns angehen.

In Wirklichkeit herrscht nicht Funkstille. Unser Empfangsapparat ist nur nicht (oder nicht richtig) eingestellt. Da beginnt man am besten so, daß man sich sagt, daß wir tatsächlich träumen und daß der Traum uns etwas sagen will. Eine geduldige, unverkrampfte Erwartungshaltung also.

Es wäre falsch, jeden Traum sofort deuten zu wollen. Am besten läßt man die erträumte Welt auch mit den sie begleitenden Gefühlen nochmals in sich aufleben. Häufig geschieht weiter nichts. Aber die Traumerinnerungen haben dann die Tendenz, häufiger und intensiver zu werden. Manchmal stellen sich zum Traum spontane Einfälle, Assoziationen ein, die uns helfen, den Traum zu entschlüsseln. Das gelingt nicht jedesmal. Wir müssen ja erst in diesem Buch lesen lernen. Und da bleibt es anfänglich wie beim kleinen ABC-Schützen beim mühsamen Buchstabieren, bevor wir ganze Sätze oder Abschnitte (Traumsequenzen) verstehen. Während dieser Zeit des Vertrautwerdens mit der eigenen Traumsprache mag es nützlich sein, sich – wenn auch ohne verbohrten Eifer – mit Traumliteratur zu beschäftigen. Es gibt gute und leicht lesbare Bücher über Traumdeutung. Aber sie können uns nur die allgemein gültigen Regeln der Traumsprache, gleichsam die Elementargrammatik beibringen. Wir haben nämlich ganz bewußt von der eigenen Traumsprache gesprochen. Es verhält sich damit ähnlich wie mit der persönlichen Sprache: Sie hält sich an die Grundregeln des Sprachsystems, hat aber ganz individuelle Ausprägungen. Daraus folgt, daß kein seriöser Berater einem Menschen aufgrund eines einzigen Traumes und ohne Kenntnis des Träumers Träume zu erklären versucht. Für den einzelnen Träumer heißt das aber auch, daß er längere Zeit braucht, bis sich ihm seine eigene Traumsprache zu entschlüsseln beginnt.

Was dürfen wir von den Träumen erwarten? Gewiß ist, daß der Traum uns nie aus der eigenen Verantwortung entläßt. Er nimmt uns keine Entscheidungen ab, und er tut nur selten selber, was unsere Aufgabe ist. Aus der Geschichte der Träume sind zwar Fälle bekannt, wo Menschen im Traum wichtige Einfälle hatten; einigen sind auch Lösungen wissenschaftlicher oder technischer Probleme im Traum eingefallen. Aber dies sind wohl eher die Ausnahmen.

Häufiger weisen uns die Träume in Entscheidungssituationen aufmunternd oder warnend einen Weg. John Freeman erzählt, wie er C. G. Jung zu überreden versuchte, eine knappe Darstellung seiner Psychologie zu verfassen, vergleichbar etwa mit dem genialen »Abriß der Psychoanalyse« von Sigmund Freud. Jung lehnte ab. Dann träumte er, er »spreche zu einer großen Menschenmenge, die ihm in atemloser Spannung zuhörte und ihn verstand«[8]. Er, der nie auf Popularität aus war, entschloß sich auf diesen Wink des Unbewußten hin, den Aufsatz »Zugang zum Unbewußten« zu verfassen.

Sogar solche doch recht konkreten Verhaltensmaßregeln sind eher selten. Der Traum gibt aber vielfach Hinweise auf die Richtung, in der die Lösung eines Problems liegt.

Ein junger Lehrer kämpfte mit disziplinarischen Schwierigkeiten. Er ängstigte sich, er könne die nötige Autorität nie aufbringen und werde die Herrschaft über seine Klasse ganz verlieren. In dieser Krise hatte er folgenden Traum: Ein Schüler stand vor ihm und verweigerte den Gehorsam. Erbost hob er den linken Arm, um ihm eine Ohrfeige zu geben. Als er aber zuschlagen wollte, fühlte sich sein Arm wie gelähmt an.

Vorerst schien ihm der Traum nur zu bestätigen, was er ja nur zu gut wußte: daß er vor Angst wie gelähmt war. Dann fiel ihm das Märchenbuch ein, das er als Kind benützt hatte. Dort stand im »Dornröschen« der Koch vor dem widerspenstigen Küchenjungen mit erhobenem Arm, als eben der hundertjährige Schlaf das ganze Schloß überfiel. Gleichzeitig fiel dem Träumer ein, daß das Dornröschen für ihn ein »Aufklärungsmärchen« war. Er durfte also davon ausgehen, daß ihn das Unbewußte auf einen für ihn völlig überraschenden Zusammenhang hinweisen wollte: Deine Autoritätsprobleme haben etwas mit der Bewältigung der erotischen Gefühle und der Sexualität zu tun. Der Traum enthielt auch die tröstliche Verheißung, daß mit dem erlösenden Kuß das ganze verwünschte Schloß wieder zu normaler Handlungsfähigkeit erwachen werde. Daß also der Koch die Ohrfeige werde verabfolgen können, sofern diese noch nötig sein sollte.

Das Beispiel zeigt, wie die Bildsprache, scheinbar ein Hindernis, sich als plastisch wirksam, eindrücklich und dem individuellen Geschehen viel anpaßbarer erweist als eine wörtliche Erklärung, die den Sinn einengt und deren blutarme Blässe kalt läßt. Darum sind Dichter oft mächtiger als Philosophen; und die Geschichte vom verlorenen Sohn sagt uns mehr über Gottes Erbarmen, als theologische Erklärungen es könnten.

Manchmal besteht das Bedürfnis, mit dem Unbewußten willentlich in Kontakt zu treten, ihm eine bestimmte Problem- oder Gefühlslage »vorzulegen« und seine schöpferischen Kräfte bei der Bewältigung bewußt einzusetzen. Jung hat dafür die Methode der »aktiven Imagination« erarbeitet. Sie besteht darin, daß der Imaginierende ein Gefühl oder ein Problem aufnimmt und wartet, bis es sich spontan zu einem Bild verdichtet. Manchmal ist der Ausgangspunkt ein bereits (vielleicht im Traum) aufgetauchtes Bild. Nun verfolgt er, wie dieses anfänglich statische Bild allmählich in Bewegung gerät und sich verändert. Dabei soll der Geist sich von allen anderen Beeinflussungen fernhalten, sich »leeren« und sich ganz auf das Bild und seine Veränderungen konzentrieren. Aber das Bewußtsein wird nicht etwa ausgeschaltet; es begibt sich im Gegenteil mit voller Aufmerksamkeit in die entstehende Situation hinein. Es läßt sich leiten vom festen Willen, nicht nachzugeben, bis es verstanden hat. Beharrlich wird der ganze Bezug im Bild und dessen möglichen Bedeutungen gesucht. Das bewußte Ich nimmt also Stellung zum Geschehen. Manchmal ungehalten-provokativ, versucht es, die Bilder, auftauchende Personen oder andere Elemente zum Sprechen zu bringen, zur Stellungnahme zu zwingen. Man nimmt also alles Auftauchende

53

wahr und tritt mit seinen Elementen in Kontakt, befragt sie und nimmt auch selber Stellung. Bei vorwiegend visuellen Menschen geschieht die Stellungnahme der Bildelemente manchmal über Symbole oder Inschriften. Als ich in einer aktiven Imagination einmal ein Bildelement befragte, warum mir etwas Bestimmtes nie gelingen wollte, sondern hartnäckig vorenthalten wurde, hielt es mir plötzlich eine offene Sparbüchse hin. Ich schaute hinein. Auf dem Grund der Büchse stand auf einem Zettel das Wort: Barmherzigkeit. Der Zettel nahm dabei die Form einer an mich gestellten Rechnung an: Was du willst, ist nur um den Preis wohlwollender Zuwendung zu haben.

Jung betont sehr, wie wichtig es ist, daß man die sich äußernden Kräfte des Unbewußten ernst nimmt. Es ist ein ernstes Spiel, und ein erfolgreiches Einsetzen der Kräfte des Unbewußten setzt voraus, daß man ernstlich gewillt ist, für das ganz praktische Leben gegebenenfalls Konsequenzen zu ziehen.

Manchmal sind die entstehenden Bilder ungewohnt, überraschend, erschreckend, beängstigend oder abstoßend. Auch den sich so äußernden Aspekten sollten wir nicht erschrocken eindämmend, sondern mit offener Ehrfurcht begegnen. Das hat nichts mit blindem Treiben-Lassen zu tun. Im Gegenteil: Die Ich-Stärke muß gewahrt bleiben. Vielleicht muß man sogar sagen, daß eine gewisse Stabilität des Ich Voraussetzung dafür ist, daß man sich den Kräften des Unbewußten so aussetzen darf. Das Ich bleibt nämlich freier Partner des Unbewußten, nicht sein Befehlsempfänger. Die praktischen Folgerungen aus einer aktiven Imagination müssen der kritischen Prüfung des wachen Verstandes standhalten.

Wie beim autogenen Training können auch beim aktiv Imaginierenden Widerstände, Schwierigkeiten, psychosomatische Symptome auftreten. Dann gilt für die aktive Imagination wie für das autogene Training: nur unter therapeutischer Anleitung und Begleitung weitermachen.

Viele machen während der aktiven Imagination selbst sorgfältige Aufzeichnungen, eigentlich »Protokolle«; andere notieren erst im nachhinein den genauen Ablauf, auf die Gefahr hin allerdings, daß ihrer Aufmerksamkeit Wichtiges entgeht. Natürlich empfiehlt es sich, gelegentlich wieder eine dieser oft sehr eindrücklichen Szenen nachzulesen, sie vor dem geistigen Auge mit den sie begleitenden Gefühlen zu verlebendigen und auch zu überprüfen, ob man die sich aufdrängenden (oder beschlossenen) Konsequenzen auch wirklich gezogen hat.

Gestiefelt...

Als der Kater über das verfügte, was er verlangt hatte, zog er sich keck die Stiefel an, nahm seinen Sack auf den Hals, wobei er die Bänder mit den Vorderpfoten festhielt, und lief schnurstracks zu einem Gehege...

Junge und Kater sind schnell handelseinig geworden. Der Kater hat, was er braucht. Mit dem Sack heimst er die Beute ein. Zuerst aber zieht er sich die Stiefel an.

So ein gestiefelter Kater ergibt eine seltsame Figur, und die meisten Illustrationen wirken ein wenig lächerlich. Stiefel sind eben ein menschliches, kein animalisches Schuh- und Gehwerk; sie behindern einen Kater eher in der Behendigkeit. Aber der Kater ändert ja keck seine Rolle. Und die Art, wie er den Sack zusammenhält, unterstreicht, daß er nicht mehr auf allen vieren geht, sondern sich auf der menschlichen Ebene bewegt und hier aktiv zu werden gedenkt. Seine Keckheit ist erfrischend und vorbildlich. Es braucht nämlich Mut, eine neue, wiedersprüchliche Rolle zu übernehmen.

Durch die Übergabe der Stiefel anerkennt der Junge den Kater als selbständigen Herrn. Schuhwerk haben ist ein Symbol für Eigenständigkeit und Freiheit. Sklaven hatten im alten Rom barfuß zu gehen.

Mit der Verselbständigung des Katers zur partnerschaftlichen »Person« ist eine Figur zu den drei Müllerssöhnen hinzugetreten. Im ganzen Märchen läßt sich beobachten, wie eine Tendenz zur Vierzahl der Personen besteht. Die Vierzahl gilt als Symbolzahl, die die Ganzheit, das Vollkommene versinnbildlicht. Ganzheit der Persönlichkeit zu erreichen ist eine tiefe menschliche Sehnsucht. Diese Tendenz zur Ganzheit drückt sich im gestiefelten Kater auch auf der Ebene der Zahlen aus: Nach dem Tod des Vaters wird die zerfallene Vierzahl durch die Verselbständigung des Katers wiederhergestellt. Da die Geschichte die beiden Söhne fallen läßt, treten König und Königstochter hinzu. Später wird der als Fünfter auftauchende Zauberer vom Kater einverleibt, womit der Weg zur endgültigen Vierzahl offensteht.

Der Kater, der als gestiefelter eine widersprüchliche Rolle spielt, teilt unser menschliches Geschick. Kleider machen Leute, und unsere äußere Erscheinung prägt das (Vor-)Urteil, das die Umwelt über uns fällt. Die Umwelt hat ja auch fast keine andere Möglichkeit, dem tiefen Bedürfnis, die Menschen »einzuteilen«, nachzukommen. Dem sorgfältigen Beobachter verraten wir viel mehr, als wir eigentlich beabsichtigen. Beobachten Sie Ihre Körperhaltung. Sie ist Ausdruck Ihrer ganzen Einstellung zum Leben; Sie drücken damit Ihre Haltung der Welt gegenüber aus: resigniert-eingesunken, träge-hinnehmend, gelöst-angepaßt, aufrecht-optimistisch, forsch-zupackend . . .

Jeder trägt ein Bild von sich in seiner Seele; ein

etwas anderes trägt er zur Schau. Wir verkleiden uns, und für die seelische Gesundheit ist es ganz gut, daß wir uns nicht stets gleich so zu zeigen haben, wie wir uns sehen. Es gibt eine seelische Schamhaftigkeit. Nur Toren geben ihr Inneres jederzeit jedermann preis. Manchmal hat man ja schon Mühe, das eigene Bild von sich selbst zu akzeptieren. Gelegentlich verstecken wir sogar Wahrheiten vor uns selbst, weil sie noch unerträglich wären. So ist es auch zu erklären, daß Unsichere oder Menschen, die einen wichtigen Teil ihrer Kräfte leugnen, sich an ein bestimmtes Erscheinungsbild regelrecht klammern; sie pflegen ein bestimmtes Gehabe, legen es wie einen Panzer um sich, bis sie schließlich selbst nicht mehr spüren, daß es nur ein Panzer ist.

Die nicht mehr ganz jungen Leser werden sich gewiß eines hohen Beamten oder eines Lehrers erinnern, der für den Außenstehenden nur noch eine Rolle spielte, auch keine andere mehr hätte spielen können, ja selbst den Gedanken einer solchen Wandlung entrüstet von sich gewiesen hätte. Es sei denn, daß (Glück oder Unglück?) plötzlich ein beiseite geschobener lebendiger Anteil seines Menschseins in einer für ihn und die Umwelt beängstigenden Weise durchbricht, wie es dem Professor Unrat geschieht.

Die Umwelt sieht es nicht immer gern, wenn wir uns neue Stiefel anziehen. Fixe Rollenträger sind berechenbar, und deshalb zieht man sie – so unsympathisch sie sein mögen – dem Wandelbaren irgendwie vor. Aber was hat der Gepanzerte mit seiner Seele getan? Die fixe Form hat sie geknebelt, und sie hat fast alle Gelenkigkeit verloren. Manchmal behilft sich der Rollenträger mit einer doppelten Rolle. Hier Engel, hier Bengel; doppelte Moral; im Geschäft unterwürfig, daheim ein Tyrann. Sollen wir das vorschnell verurteilen? Es ist vielleicht immer noch besser, lebendiger als die totale Erstarrung.

Pubertierende sind oft vorübergehend auf solche provisorischen Rollenspiele angewiesen. Daheim überwerfen sie sich allmählich mit dem Vater, aber sie sind noch nicht sicher und stark genug, ganz ohne oder gegen den Vater zu leben. So wird der Leiter einer Jugendgruppe oder ein Lehrer zur vorübergehenden Vaterfigur, der sie viel Bewunderung und Zuneigung entgegenbringen, eben alle die Gefühle, die daheim nicht mehr sein dürfen. Bis sie dann stark genug sind, auch ihn zu durchschauen und auch mit ihm in Auseinandersetzung zu treten.

Was hat das mit dem Thema des Märchens zu tun, wenn wir von Äußerlichkeiten wie Kleidern und Gehabe reden, wo es doch um den Weg nach innen geht?

Das Ich ist daran, eine große Reise anzutreten. Es soll wohlgerüstet seinen Weg antreten. Vor Touren laufen wir die neuen Wanderschuhe ein und absolvieren ein Trainingsprogramm. Für den lebendigen Bezug und die Auseinandersetzung mit dem Kater ist es gut, wenn das Ich geschmeidig und lebendig ist. Ein starres Ich muß durch ein starkes abgelöst werden. Es gilt also, eine Art Plastizitätstraining aufzunehmen. Jeder hat ungelenke Seelenbereiche, aber sie sind ihm so vertraut, daß er sie gar nicht mehr wahrnimmt. Vielleicht fühlt man sich fest im Sattel, aber man ist es nur, weil man nie mehr fortreitet.

Instinktiv wehren wir manchmal neue Erfahrungen oder andere als die gewohnten Wege ab, weil wir spüren, daß jede Bewegung außerhalb unseres starren Rollenspiels rücksichtslos aufdeckt, wie dürftig das seelische Bewegungsrepertoire geworden ist. Wenn wir uns aber wieder aufmachen und neue Gelenkigkeit einüben, dann steht uns bei aller Angst auch eine verschüttete Lebendigkeit in uns ermunternd zur Seite.

Das Übungsprogramm, das wir uns zurechtlegen, wird sinnvollerweise mit Kleidern, Frisur, Gehabe beginnen. Wir werden dann vermehrt auf das Zusammenspiel zwischen innerer Befindlichkeit und dem Sich-Geben achten und ein Gespür für den Abstand zwischen den beiden entwickeln. Man fühlt sich so oder so angezogen anders, vielleicht besser, vielleicht gepflegter, vielleicht freier. Gefühle werden lebendiger, wenn sie auch wieder »draußen sein dürfen«.

Aber selbstverständlich beschränkt sich ein Plastizitätsprogramm nicht auf das Äußere. Vielmehr gilt es, vernachlässigte menschliche Kräfte aller Art aufzuspüren und wieder ins bewußte Leben zu integrieren. Man wird also gegen den inneren Strom schwimmen und gegen die gewohnte Richtung gehen. Wer die Tendenz hat, vom Gefühl getragen durch die Welt zu schweben, wird die offenbar vernachlässigte rationale Seite aktivieren, wird bewußter hinhorchen, mit offenen Augen durch die Welt gehen, etwas Neues lernen oder Ungewohntes lesen, vielleicht gar Denkaufgaben lösen.

Auf ähnlich gegenläufige Weise wird der Stubenhocker wieder vermehrt ins äußere Leben greifen; der Verinnerlichte seinen Körper wieder bewußter wahrnehmen; der Hansdampf in allen Gassen eine Zeitlang bei seinem Leisten bleiben, der Trödler Unerledigtes endlich in Angriff nehmen; der Unordentliche vorübergehend nach einem Arbeits- oder Tagesplan leben; der Über-Vorsichtige eine kleine tägliche Mutübung einbauen, der Sture, wo es sich verantworten läßt, fünfe gerade sein lassen . . .

Die Gegenläufigkeit dient nicht etwa der Selbstquälerei. Zwar hat jedes Training seine Härten. Aber das Ziel ist es ja, sich wieder anders und intensiver zu erleben und von andern erleben zu lassen. Das Bewegungsrepertoire der Seele wird erweitert, die Geschmeidigkeit erhöht. Die anfänglich üblichen Unlustgefühle sind nicht etwa wegzudrängen, aber wir dürfen uns von der lebendigen Erwartung tragen lassen, daß bald auch Gefühle des Stolzes, der Befriedigung aufbrechen und daß wir freudig die besondere Qualität eines neuen, differenzierteren Lebensgefühls wahrnehmen. Zugleich wird unser Bild vom eigenen Ich und dem, was zu ihm paßt, verändert. Mit den neuen Stiefeln beginnen jahrealte Vorurteile über uns selbst allmählich zu verblassen.

Warten

Kaum hatte er sich ausgestreckt, da hatte er schon
Erfolg: ein junges, unbedachtes Kaninchen lief in
seinen Sack, und Meister Kater zog sogleich die
Bänder zu, griff es und tötete es ohne Erbarmen.
Ganz stolz auf seine Beute lief er schnurstracks zum
König und verlangte ihn zu sprechen.

Der Weg beginnt. Der Horizont der Geschichte
weitet sich. Der Kater tritt in Kontakt mit dem
König und bringt ihm Geschenke. Aber der Junge
weiß noch nichts davon. Für ihn geschieht nichts. Er
bleibt einsam, seine Zukunft ist so ungewiß wie
zuvor. Wahrscheinlich ist er schon bald enttäuscht,
denn er hat die Versprechungen des Katers doch
anders interpretiert. So wie wir uns selbst kennen,
erwartet er dort Hilfe, wo es ihm bei der Erbteilung
schlecht ging: Arbeit, Nahrung, Geld. Der Kater ist
hart. Er erbeutet schönes Wildbret, aber er bringt
alles dem König. Wenigstens gelegentlich ein Hühn-
chen könnte er doch dem Burschen geben.

Dem Jungen geht es wie uns, wenn wir beten.
Zuerst hatten wir Vertrauen; weil aber so viele
Gebete nicht erhört wurden und nichts geschah,
haben wir das anfängliche Vertrauen verloren und

sogar das Beten überhaupt verlernt. Wenn wir nun unsere Geschichte im Vorgriff überblicken, bietet sich eine Antwort an. Der Junge erwartet Hilfe in einer momentanen, konkreten Not. Es geschieht scheinbar nichts. Gleichzeitig aber kommt etwas viel Größeres, Wichtigeres, Umfassenderes in Gang. Dieses Größere braucht Geduld, aber in seine Verwirklichung ist auch die Lösung der Alltagsprobleme mit eingeschlossen. Es gibt ein Herrenwort, das zwar nicht in einem der anerkannten Evangelien steht, aber aufgrund strenger exegetischer Prüfung als Wort Jesu anerkannt ist: »Erbittet euch das Große, so wird Gott euch das Kleine hinzutun.«

Da der Junge von den umfassenden Plänen des Katers nichts weiß, ist er gezwungen zu warten. Solche Warte-Phasen gibt es schon beim gewöhnlichen Lernen, nur daß wir dort das Ziel genau kennen. Da kommt nach einer Zeit offensichtlichen Fortschritts plötzlich ein sogenanntes Lernplateau. Trotz eifrigen Übens auf dem Instrument geht es irgendwie nicht mehr vorwärts. Wer diese Phase durchsteht, erlebt fast plötzlich wieder einen erfreulichen Fortschrittssprung.

Das Warten in scheinbarer Passivität hat manchmal eine Stausee-Funktion. Hier sammeln sich Kräfte der Kreativität an, die später zur Verfügung stehen. Marie-Louise von Franz deutet eine solche Phase im Zusammenhang mit dem Dornröschen:

»Psychologisch ausgedrückt wissen wir, daß vor einer Zeit besonderer Aktivität im Unbewußten eine lange Phase völliger Sterilität liegen kann. Bei schöpferischen Persönlichkeiten ist es fast ein normaler

Zustand, daß sie vor dem Erschaffen eines neuen Kunstwerks, einer neuen wissenschaftlichen Arbeit vielfach eine Periode von Unrast, Depression, Wartenmüssen und Sterilität durchleben müssen; das Leben ist schal. Wenn es zu einer Analyse kommt, zeigt es sich, daß gerade dann die Energie sich heimlich im Unbewußten ansammelt. Ich erinnere mich, daß ich mich einmal in dieser Art elend fühlte. Da träumte ich, daß ich eine große Bahnstation betrachtete, in der rangiert wurde; es wurde mit viel Hin und Her ein neuer Zug zusammengestellt. Der Traum zeigte, daß psychische Energie im Unbewußten sich neu ordnete.«[9]

Was ist das für ein Warten? Es ist nicht das bloße Nichtstun, vielmehr ein aufmerksames Zuwarten in vertrauensvoller innerer Hinwendung auf das, was geschehen wird. Das ist natürlich etwas, das Frauen im allgemeinen viel besser können und leichter leisten als Männer.

Man darf also wohl sagen, daß von unserem jungen Mann gleich anfangs eine Leistung gefordert wird, die in hohem Maß den gegengeschlechtlichen Anima-Anteil herausfordert.

Beim Mann herrscht eine Methode, das Leben anzugehen und zu bewältigen, vor, die von der Lebens-Führung ausgeht; die gegenpolige, eher frauliche Art oder Kunst besteht darin, sich dem Leben zu unterziehen. Beide Einstellungen bergen natürlich ihre Gefahren. Blind verplanter Aktivismus ist die männliche Gefahr, passiv die Hände in den Schoß legen und die Dinge nur nachgiebig treiben lassen, die weibliche.

Das richtige, schöpferische Warten ist geduldig und von einer gewissen Dauer:

»Lange muß als schweres Wetter am Berge hängen, wer einst das Licht der Zukunft zünden soll!«[10]

Das richtige Warten ist bewußtes Zurücknehmen von Kräften; nach außen schließt man sich zeitweilig ab; dafür aber geht man inwärts; man steigt in aufmerksamer Hinwendung gleichsam hinab zu den Wurzeln:

»Es ist nicht notwendig, daß du aus dem Hause gehst. Bleib bei deinem Tisch und horche. Horche nicht einmal, warte nur. Warte nicht einmal, sei völlig still und allein. Anbieten wird sich dir die Welt zur Entlarvung, sie kann nicht anders, verzückt wird sie sich vor dir winden.«[11]

Hier liegt das Geheimnis: Das richtige Warten erwartet nicht. Was dann geschieht, ist kaum zu beschreiben: Das Leben gibt dem, der nicht verlangt, es eilt zu dem hin, der nicht nachläuft! Einem jungen Mann will es nicht gelingen, die Mädchen zu bekommen, in die er sich verliebt und denen er nachrennt. Eines Tages hat er die Nase voll; er gibt das Rennen auf. Und plötzlich rennen die Mädchen ihm nach!

Das ist eine Wahrheit, die wir vielleicht gar nicht mehr verstehen wollen, weil sie unserer patriarchalischen Welt ja entgehen muß. Wo führte es denn mit unserer ganzen Zivilisation hin, wenn der französische Dichter St. John Perse recht hätte? Er schreibt seiner besorgten Mutter:

»Meine größte Kraft liegt – ohne daß jemand es ahnt – in meiner insgeheimen Gleichgültigkeit (détachement: Gleichgültigkeit, Loslösung, Entsagung) und in meinem völligen Fehlen jeglicher Ambitionen – ganz im Gegensatz zu dem, was man immer von mir glaubt. Macht Euch deshalb keine Sorgen um meine Zukunft. Das Leben wird mich, ob ich will oder nicht, stets mit all dem überhäufen, was ich von ihm nicht verlange. So ist es immer auf dieser Welt.«

Solche Texte sind schwer verdaulich. Man muß sie mehrmals lesen und schluckt vielleicht leer dabei. Man muß einen solchen Text gleichsam durch die innere Aufgebrachtheit hindurchtragen. Haben wir etwa alles falsch geplant und im Eifer in den Wind geschrieben?

Nichts erwartend warten, gehorchen, sich aussetzen, vertrauen, sich führen lassen: Verben für eine fremd gewordene, demütige, weibliche Haltung der Sanftmut. Die Sanftmütigen aber werden das Land besitzen. Was hier unserem Jungen geschieht, oder was er an sich geschehen läßt, seine eigentliche und eigene Leistung, ist in einem sehr umfassenden Sinn die Integration des gegengeschlechtlichen Seelenanteils, der Anima. Reifen ist kein zielendes Verb. Der gestiefelte Kater wäre die Lehrparabel einer Mens-Liberation-Bewegung.

Es wird nun auch verständlich, daß der gestiefelte Kater in unserer Gesellschaft ein verkanntes Märchen bleiben mußte. Da wird ein Junge, der nichts hat und nichts (?) tut, ja sich um nichts bemüht, der glückliche Königssohn! Lob der Trägheit? Wie kommt der Faule zu solchem Glück? Mit Tricks und Lügen des Katers? Wo bleibt da die Gerechtigkeit? Ist ein solcher Erfolg nicht eher ein Ärgernis? Ein Glück, daß es nur ein Märchen ist!

Der Name

Man ließ ihn in die Gemächer Seiner Majestät
kommen, wo er gleich beim Eintreten eine tiefe
Verbeugung vor dem König machte und zu ihm sagte:
»Hier bringe ich Euch, Sire, ein Gehegekaninchen.
Der Herr Marquis von Carabas« (diesen Namen
geruhte er seinem Herrn zu geben) »hat mich beauf-
tragt, es Euch in seinem Namen zu überbringen.«

Ohne den Burschen zu befragen, gibt ihm der Kater vor dem König einen Namen: Marquis de Carabas.

So etwas geschieht in Märchen höchst selten und fällt um so mehr auf. Üblicherweise sind Märchenfiguren ja ohne Namen. Diese Namenlosigkeit ist ein wichtiger Ausdruck der überindividuellen Züge der Märchenhelden, denen ja die individuelle Einmaligkeit abgeht. Sie sind Königin oder König, Prinz oder Prinzessin, Schwiegermutter, Zwerg oder Hexe. Wenn sie einen Namen tragen, bezeichnet dieser häufig eine bestimmte Eigenart oder einen Aspekt des Geschicks des Helden. Bei den Brüdern Grimm wird vielfach eine Begründung des Namens ausdrücklich gegeben: Das Stiefkind wird Aschenputtel genannt, denn »abends, wenn es sich müde gearbeitet hatte, bekam es kein Bett, sondern mußte sich neben dem Herd in die Asche legen. Und weil es darum immer staubig und schmutzig aussah, nannten sie es Aschenputtel.« Auf ähnliche Weise kommen Rapunzel, Dornröschen, Rotkäppchen, Schneewittchen, Schneeweißchen und Rosenrot, Einäuglein, König Drosselbart zu ihrem Namen. Ganz selten finden sich eigentliche, nicht weiter begründete Namen: Die alte Frau stellt sich dem schönen benachteiligten Mädchen als Frau Holle vor, der Geist im Glas als der großmächtige Merkurius. Hänsel und Gretel, Jorinde und Joringel sind weiter nicht begründete Vornamen.

In einem Grimmschen Märchen wird der Name selbst thematisiert. Das Rumpelstilzchen hat einen Anspruch auf die junge Königin, die sich von ihm das goldene Stroh hatte spinnen lassen. Diese Macht, nämlich der Anspruch auf das erste Kind, besteht fort, solange sie Rumpelstilzchens Namen nicht kennt. Sobald sie es jedoch richtig benennen kann, gibt das Rumpelstilzchen verzweifelt auf: »Das hat dir der Teufel gesagt, das hat dir der Teufel gesagt, schrie das Männlein und stieß mit dem rechten Fuß vor Zorn so tief in die Erde, daß es bis an den Leib hineinfuhr; dann packte es in seiner Wut den linken Fuß mit beiden Händen und riß sich selbst mitten entzwei.«

Hier ist die magische Kraft des Namens und des Benennens angesprochen, für die wir den Sinn fast ganz verloren haben. Haben uns nicht die Sprachwissenschaftler belehrt, daß der Name des Dings auf dem Doppelaspekt von Sprachlaut und Bezeichnetem beruht, wobei die Beziehung zwischen diesen beiden Aspekten des Zeichens willkürlich sei?

So haben wir uns um den Sinn für den Namen gebracht. Fast niemand feiert mehr seinen Namenstag. Dabei müßte es doch eigentlich nachdenklich stimmen, daß sich die Frauen in dem Maße, als sie sich auf das Eigene besinnen, auch an das Recht auf ihren Namen erinnern und dessen Aufgabe bei der Heirat als Zumutung empfinden. Sie pochen auf ihren Namen, obwohl er auch ihnen – wie unserem Helden – bloß durch Schicksal oder Elternwahl zufiel. Aber mit diesem auferlegten Namen hat sich inzwischen ein ganzes junges Leben lang das Gefühl der eigenen Identität und das eigene Selbstwertgefühl verbunden, und zwar viel enger, als wir dies bewußt wahrnehmen.

Das ist mir in einem Weiterbildungskurs plötzlich bewußt geworden. Das Erlebnis war so stark und ergreifend, daß ich seitdem vermute, unser Name übe, seit (und gerade weil) wir ihn wegrationalisiert haben, eine um so stärkere und unkontrolliertere Wirkung auf uns.

Es war in der zweiten Kurswoche. Sie sollte vorwiegend der Schärfung des Gespürs für gruppendynamische Prozesse gewidmet sein. Unser Gruppenleiter erteilte den zwölf Teilnehmern den Auftrag, der Reihe nach über den eigenen Namen zu sprechen. Der Einstieg schien uns eher einfältig und wenig versprechend. Dann begannen wir der Reihe nach zu erzählen. Die einfachen Geschichten und Erlebnisse um den eigenen Namen wurden zunehmend ergreifender und lösten sehr bald eine seltsame, unerwartete allgemeine Betroffenheit aus. Wir erschraken, als drei aus der Gruppe – allesamt gestandene Damen und Herren, die mit dem psychologischen Geschäft vertraut waren – beim Erzählen in Tränen ausbrachen. Die Erschütterung war so stark, daß zwei sich schluchzend aus der Gruppe entfernten. Entgegen der Planung benötigten wir gemeinsam ziemlich viel Zeit, all das einigermaßen aufzuarbeiten, was da im Zusammenhang mit dem eigenen Namen an tiefen, zumeist als Kind erlebten und erlittenen Kränkungen und Verletzungen aufgebrochen war.

Unser Wissen um die magische Macht des Namens ist offenbar tief verschüttet. Religionen, Mythen und Märchen jedoch wissen darum und erzählen davon. Gott trägt Moses auf, dem Volk zu verkünden, daß er allein angebetet werden will. Sodann gebietet er: »Du sollst nicht des Herrn, deines Gottes, Namen eitel nennen« (2. Mose 20,7). Aus Ehrfurcht vor der Heiligkeit dieses Namens sprechen die Juden den Namen Gottes, das Tetragramm, nicht aus, sondern ersetzen ihn durch Adonai oder Elohim. Nur der Hohepriester durfte das Tetragramm aussprechen. Der Islam kennt 99 Namen Gottes, die seine Eigenschaften bezeichnen, sowie den Großen Namen. Dessen, des hundertsten, Kenntnis wird magische Gewalt zugesprochen. Der Mystiker strebt danach, diesen Namen zu erkennen, und wer den Herrn in diesem Namen um etwas bittet, wird in jedem Fall erhört.

In der indogermanischen Tradition ist das Individuum bestimmt durch seine Form und seinen Namen. Jemanden oder etwas nennen heißt, Macht über sein Wesen gewinnen. Im ersten Buch Mose erhält Adam den Auftrag, die Tiere zu benennen, und damit wird ihm die Macht über sie eingeräumt. Das entspricht genau der indischen Tradition, wo der Übergang vom Wort zur Wirklichkeit »sphota« heißt: Öffnung nach Art der Knospen.

Richtige Bezeichnung gewährleistet nach chinesischer Überzeugung die Ordnung dieser Welt. Konfutse sagt, das Wesentliche bestehe darin, die Namen richtig wiederzugeben, denn diese Namen sind »weder Brüder, noch Schwestern, sondern Väter der greifbaren Dinge«.

Wenn also unser Junge im Märchen ungefragt zum Marquis de Carabas wird, so soll diese Benennung offenbar gerade das ausdrücken, was ihm als Aufgabe zugeordnet ist. Er sagt als Sinnbestimmung aus, was in ihm steckt und zur Entfaltung gebracht werden kann, wenn er die Kraft hat, den Kater zuwartend walten zu lassen. Der Name wäre dann auch für ihn die Knospe, die erst noch aufbrechen und blühen, reifen und Frucht bringen soll.

So ähnlich nimmt ja derjenige, der in ein Kloster eintritt, einen neuen Namen an. Dieser ist vorwegnehmender Ausdruck für den neuen Menschen, der da werden soll. Es fällt auch auf, daß Adoleszenten sich mit ihrem Namen zu beschäftigen beginnen. Wo Neues wird, wird auch die Bezeichnung intuitiv »überdacht«. Sie üben während langweiliger Stunden eine schwungvolle Unterschrift; kleine Namensveränderungen (Josef wird plötzlich zum Joseph) und große Empfindlichkeit im Bereich des Namens tauchen auf; der zweite Vorname wird entdeckt; sie

legen Wert auf eine ganz bestimmte Form des Nach-
namens; Zweitnamen bei Pfadfindern und gymnasia-
len Studentenverbindungen üben eine beträchtliche
Faszination aus. Seelisch ist viel im Umbruch; vom
Bübchen ist wenig geblieben. Das drückt sich auch in
der Beschäftigung mit dem Namen aus.

Der Kater eröffnet mit dem Namen etwas über die
innere Bestimmung »seines« Burschen. Wir dürfen
annehmen, daß die Namensgebung nicht Willkür ist.
Er sagt ja gerade aus, was er – im Gegensatz zum
Jungen – von ihm weiß, und das ist zweierlei.

Der Name enthält einen hohen Adelsrang. Der
arme, benachteiligte Dritte ist also zu hohem Adel
berufen. Ein Marquis steht zwischen dem Rang des
Grafen und dem der Herzöge!

Über die Bedeutung des Namens Carabas ist viel
gerätselt worden. Die einen meinen, er leite sich von
»char à banc« ab und bezeichne den vornehmen, im
Wagen fahrenden Herrn. Wahrscheinlicher ist eine
andere Deutung: Das arabische »baraka« bezeichnet
den übernatürlichen Schutz, wie er dem Marabu zuge-
schrieben wird. Ein Marabu aber ist ein Mensch, der
sich der Verwirklichung des inneren Lebens und der
lehrenden Weitergabe religiöser Haltung widmet.
Der Franzose sagt: »Avoir la baraka«, Glück haben.
Carabas entspricht der genauen Umkehrung dieser
drei Silben und könnte Glückspilz, Glückseliger, vom
Schutzgeist Geleiteter heißen.

Adelig und vom Schutzgeist geleitet muß der
Junge sein, um zum Sinnbild des vollendeten innern
Glücks und der Reife, der Hochzeit mit der Königs-
tochter, zu gelangen. Aber noch sind Name und Titel

erst Anspruch, und er wird mit Hilfe des Katers zu belegen haben, daß er dieses Anspruchs würdig und den geforderten Weg gegangen ist. Mißlingt der gewagte Schritt nach innen, so wird er, wie wir es so häufig müssen, zu klagen haben: Der ich bin, grüßt trauernd den, der ich könnte sein.

Geschenke für das Königshaus

*»Sage deinem Herrn«, gab der König zur Antwort,
»daß ich ihm danke und daß er mir damit eine Freude
macht...«
Durch zwei oder drei Monate fuhr der Kater fort,
dem König von Zeit zu Zeit ein Wildbret von der
Jagd seines Herrn zu bringen.*

Drei Monate etwa dauert die Zeit des Wartens.
Der Kater ist aktiv und bringt dem König erleg-
tes Wildbret. Mit dem Namen verschafft er damit
dem Jungen zugleich das Wohlwollen des Königs.

Der Kater zeigt den Weg aus der Isolation. Er
tendiert auf die Schaffung einer neuen Beziehung.
Die Einsamkeit des Loslösens und Wartens darf ja
nicht zum Selbstzweck werden. Sie bereitet Neues,
Größeres vor. Nun ist es ja immer so, daß die Loslösung aus der Isolation und das Eingehen von Bindun-
gen Verzichte mit sich bringen. Ich muß etwas von
mir schenken, liebgewordene freie Verfügbarkeit aufgeben. Wenn wir die Geschenke des Katers betrach-
ten, so fällt auf, daß es Animalisches ist, das da dem
König gebracht wird. Damit mag zweierlei gemeint
sein: Die neue Beziehung darf keine bloß intellektu-
elle sein, sondern der Junge hat sich selbst ganz

mitzubringen in diese neue Bindung. Gefühle, Gemütsbewegungen, Sinnliches und Leidenschaftliches sind mit hineinzunehmen. Andererseits verweist das Animalische darauf, daß das Blind-Leidenschaftliche, Ungebärdig-Zerstörerische, Egoistisch-Fordernde geopfert werden müssen, soll eine tragfähige Beziehung zustande kommen und Bestand haben. Die Bemühung, das noch frei herumstreifende Wild in der seelischen Umgebung des Jungen aufzutreiben, ist ein schönes Zeichen für die notwendige Aufgabe, sich jetzt zu sammeln und Wege zu ebnen, um mit dem Geist (dem König) in Beziehung zu treten und über ihn die Königstochter (Reife und Glück) zu erreichen.

Da der Kater allein die Geschenke erjagt und überbringt, könnte man den Jungen selbst der Verantwortung entbinden und sagen: Das besorgt ja nun der Kater. Wenn er ihn nur gehen läßt und richtig wartet, kommt alles recht heraus. Aber ich meine, der Junge sei nicht ganz aus der bewußten Verantwortung zu entlassen. Es ist nicht ungefährlich, wenn man sich für all das, was weniger bewußt mit uns geschieht, nicht mitverantwortlich fühlt. Gewiß wird es häufig so sein, daß »es« passiert, ohne daß wir das Vorgefallene im Griff haben. Aber wenn wir beobachten lernen, was mit uns geschieht, fallen uns allmählich Zusammenhänge auf. Unser Junge hat ja durchaus Muße und Gelegenheit, das Wirken des Katers ein wenig zu beobachten. Die beiden müssen in dieser Phase der Entwicklung miteinander umgehen lernen. Wenn er genau hinsieht, fällt ihm an den herumliegenden Federn auf, daß da Hühner erlegt werden. Vielleicht fehlt ein liebgewordenes Kaninchen im Stall. Der König versteht den seelischen Vorgang ganz richtig, wenn er das Wildbret als Geschenke aus der Jagd des Marquis sieht. Vielleicht ist es eine wichtige Lehre, die uns dieser Märchenabschnitt erteilt, daß wir unser Wirken und unsere Wirkungen auf unsere Umgebung ganzheitlicher sehen. Das beginnt oft schmerzlich: Es gibt doch Zeiten, wo wir spüren, daß wir unserer Umwelt »Geschenke« machen, Dinge in Bewegung bringen, die wir manchmal nicht recht durchschauen. Und manchmal ahnen wir – meist zu spät –, daß wir Wirkungen erzielt haben, die wir eigentlich nicht wollten und die uns irgendwie leid tun. »So war es eigentlich nicht gemeint« oder »Ich habe es doch nur gut gemeint«, sagen wir dann, wenn wir sehen, was wir angerichtet haben.

Nun wird es auch hier so sein, daß wir anfangs leider vorwiegend die eher als negativ empfundenen Wirkungen erfahren. Aber beim Durchdenken dieser Situationen offenbart sich fast immer die gleiche Ursache: *Wir haben Emotionales nicht im Licht des Geistes erhellt (vor den König gebracht) oder Zerstörerisches noch nicht gebändigt.*

Jeder gibt mehr von sich, als er meint. Was wir an Atmosphäre schaffen, ist weit mehr als das, was wir in der Partnerschaft, in der Familie, in der beruflichen Umgebung tun oder reden. Da wird oft zwar nicht befohlen, aber eine latente Drohung schwebt irgendwie über der Familie. Alle versuchen, durch Pflichteifer und Umsicht jeden Konflikt zu vermeiden ...

In einer Atmosphäre der Mißgunst bleibt einer

äußerst korrekt. Das ist dann für die andern gerade das Schlimme: Sie haben gar keine Möglichkeit, irgendwie einen Vorwurf zu formulieren. Mit tödlicher Korrektheit verweigert er jedes Wohlwollen. Kein Zentimeter Distanz wird aufgegeben . . .

Oder die Gleichgültigkeit als Waffe: »Du mußt das selber wissen.« Darunter tönt es: Ihr habt mich ja auch nicht gefragt; auf mich hört man ja ohnehin nicht; mir hat auch keiner geholfen; für mich holt auch niemand die Kastanien aus dem Feuer; wenn ich mich auf eine Diskussion einlasse, setze ich mich ja doch nicht durch; wenn wir diskutieren, müßte ich begründen, und dabei habe ich einfach eine Wut im Bauch. Und so geht es fort. Aber alles verläuft unter der Decke distanzierter Gleichgültigkeit . . .

Ähnliches geschieht mit aggressiven Gefühlen, deren Ursache wir nicht aufgearbeitet haben. Sie stauen sich an. Ganze Familien, ganze Klassen werden zu Sündenböcken für das, was einem versagt wurde . . .

Das Mißtrauen: Wenn wir uns einmal (wahrscheinlich geschah es in früher Kindheit) davon überzeugen ließen, daß wir häßlich und nicht liebenswert seien, hat unsere Umgebung fast keine Chance, uns eines Besseren zu belehren. Immer sage ich zu mir: »Sie liebt mich nur wegen des Geldes, wegen meiner Stellung; wahrscheinlich war ich die letzte Wahl.« Das Teuflische daran ist, daß, wer so fühlt, sich aggressiv verhält, bis er sein Vorurteil bestätigt findet. Gerade wenn Ehepartner, Vorgesetzte, Kinder noch einigermaßen normal reagieren, laufen sie ins Messer. Einmal haben sie genug. Und schon hat die tiefe

Überzeugung, man werde letztlich doch abgelehnt, wieder eine Bestätigung mehr, die Bestätigung übrigens, deren es angeblich gar nicht mehr bedurfte, die aber doch immer wieder provoziert wird, weil man sonst das Bild von sich selbst ändern müßte. Und dazu ist man nicht mehr fähig ...

Es gibt tiefe Verletzungen, deren man sich nicht mehr erwehren kann. Leider mißbrauchen heute viele das Wort Frustration im Sinne von bloßer Enttäuschung. Eine wirkliche Frustration bringt den Menschen unfreiwillig über lange Zeit um die Befriedigung elementarer Bedürfnisse. Die Folgen sind schrecklich: Der Frustrierte lebt in einem selbstzerstörerischen Teufelskreis. Wut und Unzufriedenheit sind so verselbständigt, daß er das Entbehrte gar nicht mehr mag. Alle, die mit dem Frustrierten leben, sind machtlos; alles kommt zu spät. Man kann einem Erwachsenen nicht heute die Vitamine im Essen vorsetzen, die ihm in der Kindernahrung fehlten ...

Aber es gibt auch Rückmeldungen über erfreuliche Wirkungen, die wir allmählich bewußter wahrnehmen und die uns manchmal sagen, daß wir in einer Beziehung offenbar doch viel mehr Liebe oder Wohlwollen haben durchschimmern lassen, als wir selbst ahnten: Das Ferienkind fühlte sich munter während des Aufenthalts; aber erst die Tränen beim Abschied überzeugten uns, wie viel wir ihm geschenkt haben. Ähnliches passiert uns mit dem unerwarteten Krankenbesuch, einem herzlichen Brief, der zeigt, daß die gefühlsmäßige Bindung doch viel weniger spröd gewesen war, als wir meinten.

Ich habe die Mit-Verantwortung des Jungen betont; damit ist auch gesagt, daß Erzieher keine Verantwortung abnehmen können und sollen. Gutmeinende Mütter glauben manchmal, sie selbst müßten dem König die Geschenke für ihre Kinder erjagen. Da wird dann Jagd auf alles Animalische in Reichweite gemacht. Dies alles soll dem König, der ja das herrschende Geistprinzip und das daraus hervorgehende Gesetz vertritt, gebracht, geopfert werden. Manchmal geschieht solches aus Pflichtgefühl, oder die Mutter redet es sich wenigstens ein. Nicht selten steckt hinter dem Eifer Eifersucht: Die Kinder sollen die gleichen Opfer bringen wie die Eltern. Überall droht derselbe Mechanismus abzulaufen: Womit wir selbst nie fertig geworden sind, das rächt sich gleichsam mit freischwebender Energie an den andern.

Ich finde es am gestiefelten Kater bemerkenswert, wie maßvoll er mit Geschenken umgeht. Er gibt Selbstgefangenes, Selbstgeleistetes; und das nicht zu häufig. Für einen König sind die Gaben eher bescheiden. Dabei weiß der Kater doch, um wieviel es geht.

Auch hierin gibt uns das Märchen zu denken. Geschenke erhalten nämlich nicht nur die Freundschaft, sondern allzuoft auch die Abhängigkeit. Wohlverschnürte Geschenke können den Beschenkten auch einschnüren. Meist sind das Geschenke von »Liebenden«, die noch nicht liebesfähig sind. Die Ursachen sind oft schwer auszumachen, aber der Beschenkte ist um seine Freiheit betrogen. Im günstigsten Fall sind die Geschenke groß, weil die Bereitschaft zur Selbsthingabe klein ist. Dann will der Schenkende wenigstens nicht Liebe kaufen, sondern Lieblosigkeit bezahlen. Hierzu gehören plötzliche Geschenküberraschungen in einer Partnerschaft. Sie lassen selten Gutes ahnen. Zu oft ist das Geschenk der Preis für die Freiheit, die sich der Schenkende herausnimmt. Damit läßt sich zur Not leben, wenn auch der Schmerz groß ist, sofern man nämlich den liebt, der schenkt, und spürt, daß er einen mit Geld abspeist. Noch schlimmer wird es aber, wenn aus Gefühlen der Minderwertigkeit heraus große Geschenke gemacht werden: Da ich eigentlich für diesen Partner, für eine solche Beziehung, in unserer Freundschaft nicht recht zumutbar bin, vergolde ich mich mit übertriebener Zuvorkommenheit. Mit goldenem Lasso wird der andere sich vielleicht fangen lassen. Eine solche vergoldete Beziehung muß unweigerlich im Fiasko enden.

Es ist also eine komplexe Sache um Geschenke. Die Zurückhaltung des Katers ist wohldurchdacht. So wird er dem König nie den chinesischen Spruch vorhalten müssen: Was habe ich dir Gutes getan, daß du mich so hassest?

Adressat der Geschenke des Katers ist der König. Er ist in unserem Märchen ein wohlwollender, offener, gutmütiger Geist. Er hat nichts von der zerstörerischen Herrschsucht wie in andern Märchen. Er verweigert später auch nicht von vornherein die Königstochter. Er wirkt ausgeglichen, von schöner, offener Liberalität. Von der Königin hören wir nichts, aber psychologisch könnten wir deren Abwesenheit so deuten, daß dieser König die gegengeschlechtlichen Seelenanteile, seine Anima also, auf schöne Weise in seine Gesamtpersönlichkeit integriert hat, so daß er eigentlich befähigt ist, König und Königin darzustellen, Vater- und Mutterrolle zu übernehmen. Das heißt nicht, daß es nie Aufgabe des künftigen Königssohnes sein wird, das jetzt noch herrschende Geistprinzip zu überhöhen, anpassend zu verändern. Aber es spricht für den Realismus des Katers, daß er es nicht auf eine Kraftprobe mit dem König ankommen läßt. Dazu wäre der Bursche ja auch noch gar nicht reif genug. Er muß zuerst wachsen, bevor der König abnehmen kann und muß.

Es steckt viel Weisheit dahinter, daß der Kater den Jungen nicht bezugslos sich entfalten läßt. Er wird dank der Geschenke jemand *in den Augen des Königs*. Er wird nicht adelig in der Bezugslosigkeit, sondern eingeordnet in das Königreich, eingebunden in die Überantwortung an einen Höheren, den König.

Das ist eine ernste Warnung für manche Selbstverwirklichungs-Fanatiker. Sie verwechseln allzu leicht Selbstverwirklichung mit unbeschränkter Freiheit. Sich selbst verwirklichen heißt in ihrem Sinn, endlich tun dürfen, was sie gerade mögen. Daß sie vitale Kräfte und kreative Seelenanteile aktivieren, ist verdienstvoll. Es kommt ihnen selbst und ihrer Umgebung zugute. Aber es darf nicht in ziel-losem Egoismus geschehen. Wer Selbstverwirklichung mit unbeschränkter Freiheit verwechselt, ist wahrscheinlich auf dem Holzweg. Die einzige Freiheit, die es gibt, ist die, das tun zu wollen, was man soll. In früheren Zeiten hieß das manchmal: was die andern von mir verlangen. Und dagegen wehrt man sich zu Recht. Gemeint ist aber: Ich will mich entwickeln, meine

Kräfte entfalten, aber so, daß sie nicht freischwebend-zerstörerisch wirken, sondern eingebunden sind in mein Persönlichkeitsganzes. Ich werde also herauszufinden suchen, was noch alles in mir an Entfaltungsmöglichkeiten, brachliegenden Kräften, noch dumpfem Wollen ans Licht will. Es darf natürlich auch nicht sein, daß man ängstlich auf die anderen starrt, um zu sehen, was sie tun, ob sie etwas mehr wollen oder dürfen oder schon können und haben. Das wäre ein Rückfall auf die Stufe der Versuchung, den Kater zu erlegen oder ihn einzusperren und zu einem gehätschelten Hauskätzchen zu machen. Es gibt aber auch kein Glück ohne die andern. Und mit den andern geht es nur mit Verzicht. Darum sind die aus der Tiefe kommenden animalischen Geschenke des Katers so bedeutsam. Egoismus ist zerstörerisch wie ein Waldbrand. Wir müssen zwar verbrennen, aber am besten doch auf dem Altar der bewußten, freiwillig geleisteten Selbsthingabe für jemanden. So sind wir mit Natur, Leben und Tod verflochten. Was wir an Schönem zu verwirklichen haben, ist uns aufgegeben: Aufgabe im doppelten Wortsinn.

Von einer Gruppe besonders Unglücklicher ist hier noch zu reden: Es gibt ja auch jene, die dem König nichts schenken können, sondern sich nur in der Opposition wohl fühlen. Sie sägen eifrig an jedem Ast, auf dem sie sitzen. Sich selbst und den andern müssen sie ständig einen selbstzerstörerischen Mut belegen. Sie sagen oft das, was keiner wagt, und machen sich so zu Sprechern derer, die in ihren Augen als Feiglinge dastehen. Hinter dem Rücken lacht man über sie, vor allem jene, denen sie die

Kastanien aus dem Feuer geholt haben. Es ist, als ob solche Menschen einen Horror vor jeglichem Wohlwollen hätten. Dahinter stehen vielleicht unbewußte Selbstzerstörungs-Tendenzen, manchmal aber auch die Überheblichkeit einer unmenschlichen Lüge: niemandem etwas schuldig zu sein.

Es sei nochmals erwähnt: Es ist nicht ausgeschlossen, daß einmal der Tag kommt, da der junge König sich heldenhaft für neuen Geist einzusetzen und alte Gefäße zu zertrümmern hat. Das wird die Stunde der Unerschrockenheit sein. Aber man sollte nicht revolutionieren, um daran zu reifen, sondern sich etwas bescheidener sagen: Um mich mit dem König notfalls einmal auseinandersetzen zu können, muß ich mich ja zuerst mit ihm zusammensetzen.

Im (seelischen) Umfeld des Jungen wird gejagt. Es gehen Dinge vor sich, die sich seiner Kontrolle noch weitgehend entziehen. Aber der »Täter« ist der Kater. Er ist daran, Animalisches aus den »tierischen« Verstecken herauszulocken, einzufangen und ans Licht des Geistes, zum König zu bringen. Das beobachtende Ich ist dabei oft schmerzlich betroffen. Aber je vertrauter ihm das Animalische wird, desto seltener werden unkontrollierte seelische Energien ihr zerstörerisches Werk ausüben. Jetzt muß er noch Geduld üben, aber schon bald wird er erfahren dürfen, daß ihm die Opfer Wohlwollen, ja Liebe einbringen.

Das Bad

*Der Marquis von Carabas tat, was ihm sein Kater
riet, ohne zu wissen, wozu das gut sein mochte.
Während er gerade badete, kam der König vorbei…*

Mit dem Bad nimmt der junge Herr Marquis – so
nennt ihn das Märchen, seit er sich zum Gehorsam entschlossen hat – wieder aktiven Anteil am
Geschehen. Auf der Reise nach innen hat der Kater
ihm ein Bad verschrieben.

Stellen wir uns den Jungen vor, wie er zum Fluß
geht, und versetzen wir uns in seine Lage. Seltsame
Gefühle beschleichen ihn. Es ist Erntezeit und heiß.
Ein erfrischendes Bad ist jetzt willkommen. Andererseits sind alle verfügbaren Arbeitskräfte im Ein-
satz. Am hellichten Tage ist er als Müßiggänger fehl
am Platz. Dagegen steht die innere Stimme, der
Anruf des Katers, dem zu gehorchen er beschlossen
hat, auch wenn er gar nicht recht weiß, was das
Ganze soll. Irgendwo im ufernahen Gebüsch legt er
sein Kleiderbündel hin. Er ist nackt und schämt sich
ein wenig. So pflegt er ja sonst nicht herumzugehen.
Schnell wirft er sich ins Wasser und schwimmt einige
Züge. Da hört er Geschrei. Der Kater ruft, man habe
seinen Herrn bestohlen. Oben an der Straße hält die
königliche Karosse. Der Kater verhandelt offenbar

mit dem König. Dann ruft er ihm zu, daß Diener neue Kleider bringen. So lange muß er wohl im Wasser bleiben. Er kann ja nicht nackt ans Ufer gehen, die Königstochter ... Es ist ihm peinlich genug, daß er vor des Königs Dienerschaft nackt dasteht. Umständlich schlüpft er in die ungewohnten Kleider und geht, etwas ungelenk, aber doch mit dem Stolz, den ein schönes Gewand verleiht, zum König.

Was will uns das Märchen mit dem Bad sagen? Ist es bloß ein Vorwand für das Beschaffen neuer Kleider, wie wir als Leser im Vorwissen um das weitere Geschehen vermuten mögen?

Nacktheit und Bad haben wohl eine eigenständige Bedeutung. Was nämlich dem Burschen hier geschieht, entspricht einer Wegstrecke, die Religionen, Mystiker und Tiefenpsychologen als gemeinsamen Erfahrungsschatz kennen: Auf dem Weg zum neuen Menschen muß der Junge sich ausziehen und in seiner Nacktheit sich selbst erkennen und annehmen. Die Blöße, welche Schönheit und Häßlichkeit aufdeckt, zwingt ihn nämlich, sich ganz so zu sehen, wie er wirklich ist, und sich mit diesem Bild von sich selbst zu befassen. Die Wahrhaftigkeit, die der Kater da fordert, steht an der ersten Biegung jeder Wegstrecke, die nach oben führt. Dieses »Erkenne Dich selbst!« des delphischen Tempels fördert viel Bitteres zutage. Die Wahrhaftigkeit, die jetzt aufbrechen muß, hat eine viel umfassendere und anspruchsvollere Dimension als etwa die Frage nach den Lügen des Katers. Hier geht es nicht mehr darum, das zu sagen, was wahr ist, sondern der zu sein, der man ist, um der zu werden, der man sein könnte oder sollte.

Der Junge hat sich – wie wir alle – ein Idealbild von sich selbst aufgebaut, das in etwa den Normen seiner Umwelt entspricht. Die Psychologen nennen dieses Bild sinnvollerweise Persona: Maske. Was nicht in dieses Bild paßt, was ihm widerspricht, beeinträchtigt sein Selbstwertgefühl. Das Ich weiß, daß er dem Idealbild manchmal nicht entsprochen hat, und empfindet dieses Versagen als Schuld. Ein gewisses Maß an Schuld tolerieren sein Vater und seine Brüder (von der Mutter hören wir nichts); in einigen Bereichen war der Vater wohl auch sehr fordernd und streng, wie das bei fast allen Vätern der Fall ist. Dieses »Anforderungsprofil« des Vaters hat der Kleine als etwas selbstverständlich Gegebenes in sich aufgenommen (er hat es »internalisiert«). Und wenn er sich selbst beurteilt, geschieht dies weitgehend nach der Wertskala seines Vaters und seiner Umgebung.

Wenn der Junge nun sein Bad nimmt, erscheint dieses als Symbol der Reinigung von seiner Schuld. Wie in der Taufe oder in einer Beichte soll seine Seele von der Schuld entlastet werden, um rein, strahlend, ausgesöhnt mit Gott und der Welt die neue Würde des Marquis zu erhalten oder sie durch solche Reinigung sogar zu verdienen. Diese Sicht ist durchaus gerechtfertigt. Wie häufig blockiert eine nicht verarbeitete Schuld die weitere Entwicklung! Manchmal scheint mir, daß wir heute dazu neigen, die Verantwortung für die begangenen Fehler allzu leicht zu verniedlichen. Eine gefährliche Neigung, denn Schuld läßt sich nicht einfach unterdrücken oder weganalysieren. Das so unterdrückte oder verdrängte

Wissen um Schuld und das dazugehörige Sich-schuldig-Fühlen bleibt im Unbewußten »registriert«, lebendig und pflegt von dort aus, wo es der Kontrolle durch das Ich entzogen ist, häufig auf Umwegen (Fehlleistungen, Leistungshemmungen, körperliche Beschwerden) dem Ich beizubringen, daß etwas nicht stimmt, daß eine wichtige Rechnung noch nicht beglichen ist.

Der Junge reinigt sich im Bad. Aber diese Sicht des Bades als Akt der Reinigung ist erst eine Seite dessen, was dem Jungen geschieht. Es geht wahrscheinlich um viel mehr als um das Eingeständnis des begangenen Bösen, auch wenn schon dieses viel Selbstbescheidung verlangt. Unsere noch immer vom Rationalismus des 18. Jahrhunderts geprägte Erziehung und Denkgewohnheit hat uns dazu geführt, als Schuld zu begreifen und anzuerkennen, was wir gegen besseres Wissen und in freier Entscheidung falsch gemacht haben. Als ich einmal einem ostkirchlichen Gottesdienst beiwohnte, war ich sehr betroffen zu hören, daß der Priester um die Verzeihung unserer bewußten *und* unbewußten Sünden betet. Hier besteht offenbar ein viel umfassenderes Bild von Schuld (und die Jungsche Tiefenpsychologie legt nahe, daß es die richtigere Sicht ist): Das vergessene oder beiseite geschobene Böse gehört dazu; all das, was wir von unseren Gaben nicht verwirklicht haben und dem Leben schuldig geblieben sind. (Man nimmt allgemein an, daß der Mensch nur einen ganz bescheidenen Teil seiner Kräfte und Möglichkeiten realisiert: Oft ist Unschuld Schuld: wenn ich mich nicht entscheide, um meine Hände nicht zu beschmutzen. Mancher hat keinen Dreck am Stecken, weil er seinen Weg nicht gegangen ist. Aber die dunkle Seite von uns umfaßt noch mehr: Das Böse, das wir überwinden, ist trotzdem ein Teil von uns. Und manchmal wird noch so gut Gemeintes zur Schuld, wenn etwa der begabte Gutmütige nicht nein sagen kann und Aufgabe um Aufgabe übernimmt, bis er schließlich seinen Hauptberuf vernachlässigt, weil die Kräfte einfach nicht mehr reichen. Überhaupt ist Nachgiebigkeit eine verdächtige Tugend. Sie ziert sich gerne mit Friedfertigkeit und Geduld, ist aber in Wirklichkeit oft Feigheit vor der Auseinanderset-zung. So scheint es manchmal angemessener, dem eigenen Bösen, etwa der Aggression, einen gewissen Raum zu gewähren, statt es einfach zu bekämpfen.

In einer Gruppe beklagt sich ein Mann wegen seiner Einsamkeit. Er lebt innerlich und äußerlich in einer Einöde, einem Trockengebiet. Vielfache Versu-che, sich vermehrt unter die Leute zu begeben, Kon-takte zu pflegen, ergeben nichts Rechtes. In einer aktiven Imagination sieht er eines Tages ein ebenes, trockenes Gelände, das von einem kunstvoll ge-schmiedeten Eisengitter in zwei Hälften getrennt ist: »Ich stehe nahe dem Gitter. Da erhebt sich ein Windsturm und droht das Gitter umzustoßen. Hinter dem Wind galoppiert eine Horde wilder Soldaten. Als ich eben meine, das Gitter müsse nun stürzen, öffnet sich ein Flügel des Gittertors, und die wilden Soldaten brechen hindurch auf meine Seite des Ter-rains. Sobald sie aber diesseits des Gitters angelangt sind, gruppieren sie sich in militärischer Ordnung und steigen als friedliche Truppe von den Pferden. Nun kommt aber von jenseits des Gitters im Sturmschritt ein wilder Geselle – wohl der General, denke ich –, er trägt ein Bärenfell und schwingt einen riesigen Knüppel. Sobald auch er die Grenze überschritten hat, verwandelt er sich in einen Jüngling in weißem Gewand. Trotz dieser Verwandlung wehre ich mich und sage: Ihr dringt ja in mein Territorium ein! Der Jüngling antwortet: Ja, aber du darfst jetzt auch zu uns hinüberkommen. Bei diesen Worten empfinde ich einen tiefen Trost. Nun beginnen die Soldaten Zärtlichkeiten auszutauschen, und der Jüngling nähert sich mir und gibt mir einen Kuß. Wie ich nun sehe, wie die Soldaten sich lieben, wächst Gras, wo vorher Sandboden war, und der ganze Boden wird zum Garten. Auf meinen Wunsch hin zieht sich die Armee friedlich zurück.«

Dem Imaginierenden fiel selbst ein, was ihm sein Kater offenbar sagen wollte: Das Gitter weist auf die Trennung von bewußtem und unbewußtem Bereich hin. Da sich die Torhälfte rechtzeitig öffnet, kann Zerstörerisches vermieden werden. Der wilde Mann und die Soldaten sind Aggressionen und Leidenschaften, besonders sexuelle Bedürfnisse, die ihn zu überschwemmen drohen. Da er ihnen Einlaß gewährt, werden sie friedlich. Aggressionen werden zu Harmonie, Leidenschaften zu Zärtlichkeit. Dann erst macht die Liebe die Erde fruchtbar. Der Hereinnahme des Bösen entspricht als Gegengabe ein Terraingewinn des Bewußtseins. Ein Bereich, in dem Verheerendes (das Heer!) wütet und droht, wird jetzt seiner Kontrolle überlassen. Das Ganze aber ist wie ein Stufenplan: Es ist müßig, über die Einsamkeit zu jammern und menschlichen Kontakt erzwingen zu wollen. Vor der Liebe kommt offenbar die Zärtlichkeit, und vor der Zärtlichkeit die Hereinnahme der Aggressionen und rohen Leidenschaften.

So ist das Befassen mit dem Bösen oft Voraussetzung für das Heilsame. Damit ist die zweite Aufgabe des Marquis umrissen. Neben der bewußten Schuld hat er sich mit der unbewußten zu befassen. Das Ergebnis wird ein gesundes Mißtrauen gegen das Bild sein, das er sich von sich selbst gemacht hatte. Aber dieses Mißtrauen ist nicht selbstzerstörerisch. Es erstreckt sich nämlich auf das vermeintlich Gute wie auf das Böse. Er ist weder so unschuldig, wie er meinte, noch so böse, wie er sich sah. Auf dieser zweiten Stufe geht es nicht mehr um einen Akt der Reinigung wie bei der bewußten Schuld. Er wird jetzt lernen und innerlich annehmen müssen, daß er nicht wegen eines begangenen Fehlers des Erbarmens bedarf. Sein ganzes Wesen ist ja gut und böse, notwendigerweise unvollendet und bruchstückhaft, so daß er sich jetzt von seinem gesamten Sein des Erbarmens bedürftig weiß. Sein Bild von sich selbst ist wirklichkeitsgetreuer und wahrer geworden.

In einem dritten Schritt gilt es, Aspekte unserer Existenz ins Gesichtsfeld zu rücken, die nicht mehr den Kategorien von Schuld oder Unschuld zuzuordnen sind: Der Marquis, der jetzt vielleicht siebzehn Jahre alt ist, muß allmählich die Beschränktheit seines Charakters sehen und annehmen lernen. So wie wir ihn kennen, ist er wohl eher der Sanfte, Gutmütige, etwas Unbekümmerte, sonst hätte er sich bei der Erbteilung gewehrt und dem Kater nicht so schnell vertraut. Er wird an sich arbeiten und für sein künftiges Königsamt eine gewisse Stärke aufbauen müssen, so sympathisch seine Art ist. Vielleicht muß er sich aber auch mit einem Teil seiner Sanftheit abfinden und damit leben, daß die Sanften niemanden aufrütteln, aber auch nicht wie die Starken manchen erdrücken. Zu diesem seinem »dunklen Bruder«[12], mit dem er sich anfreunden muß, gehören auch die erlittenen Beeinträchtigungen, das Häßliche, das er an sich entdeckt, das noch infantil Gebliebene, das Mißglückte. Und all das ist Teil seiner selbst. Der Kater will ihn zur Ganzheit führen, und daher muß er auch seine Dunkelseite ausleuchten.

Wenn man sich dies alles vergegenwärtigt, wird klar, wie sehr das Märchen den großen Weg im Zeitraffer darstellt. Was auf wenigen Zeilen als Nacktheit und Bad geschildert ist, kann eine Aufgabe für Monate, Jahre sein. Ja man muß vielleicht sogar sagen, daß die Auseinandersetzung mit dem Schatten eine Lebensaufgabe ist. Das darf uns aber nicht entmutigen. Unsere innere Entwicklung geht weiter, sobald und in dem Maße, als Wesentliches geleistet ist. Und wesentlich ist als Ergebnis dieser Auseinandersetzung eine Haltung der Selbstbescheidung, die dem Kater Raum gibt, selbst das Entscheidende zu tun. Von der einsichtigen Selbstbescheidung kann uns allerdings nichts und niemand beurlauben. Nicht geknicktes Selbstbewußtsein, sondern nüchterne heitere Gelassenheit sind die Früchte. Wir werden jetzt, wie St. Nikolaus, stets von unserem Knecht Ruprecht begleitet sein. Aber dem Bescheidenen wird vergeben, und sein Knecht Ruprecht wird gebändigt. Die

Mystikerin Miriam Baourdy, arabisch-palästinensische Carmeliterin, mahnte in ihrer originellen Sprache ihre Mitschwestern: »Es gibt in der Hölle vielerlei Tugend, aber keine Bescheidenheit. Es gibt im Himmel allerlei Untugend, aber keinen Stolz. Gott verzeiht der bescheidenen Seele und zählt die Tugend ohne Demut für nichts.«[13]

Damit ist das Ziel wohl umrissen. Aber welcher Weg führt zum dunklen Bruder, daß wir ihm die Hand reichen? Wie rücken wir den beiseitegeschobenen Anteil wieder ins Licht? Die Frage ist fast so schwierig wie die Aufgabe selbst! Ich möchte mich darauf beschränken, drei mögliche Wege zu zeigen.

Häufig ist es so, daß wir die unerwünschten Schattenanteile auf Menschen unserer Umgebung übertragen. Es ist, als ob wir die Kleider unserer Garderobe, die uns nicht gefallen, weggeworfen hätten. Andere haben sie angezogen, und wir begegnen unseren häßlichen Kleidern an ihnen. Leider empfinden wir diesen Kleiderträgern gegenüber ziemlich genau jene Gefühle, die eigentlich unserem dunklen Bruder gelten, und wir behandeln sie dementsprechend. Das ist einer der Gründe, warum es für das Zusammenleben so wichtig ist, die negativen Gefühle wieder auf das eigentliche Objekt, unseren eigenen Schatten, hinzuwenden. Beachten Sie also, was Sie an Ihren Mitmenschen am meisten ärgert, was Sie etwa mit besonderer Schärfe verurteilen, einer Schärfe, die einen manchmal selbst überrascht; achten sie auf Vorwürfe, die Sie selbst besonders hart treffen, und auf Situationen, die ohne ersichtlichen Grund Unwillen und Ungehaltenheit auslösen.

Besonders aufschlußreich sind Vorurteile. Zu Sündenböcken unserer heimlichen Schwächen werden mit Vorliebe Fremde, Angehörige von Minderheiten, politische Gegner, religiös Andersdenkende. Wichtig ist dabei nicht, ob wir in unserem tatsächlichen Verhalten tolerant sind. Aufschluß erhalten wir von den spontanen Gefühlen.

Ein zweites Mittel hat sich in meiner Erfahrung als hilfreich erwiesen, um meinen dunklen Bruder zu Gesicht zu bekommen: aufzulisten, was mir im bisherigen Leben an Peinlichem, Dummem, Schmerzlichem zugestoßen ist. Vieles tauchte erst allmählich auf, denn ich habe natürlich fast all das Unerfreuliche tunlichst beiseite geschoben. Das Ergebnis hat sich als so umfangreich und bitter erwiesen, daß ich es mein »Buch des Schreckens« nenne. Damit meine ich allerdings nicht, unser Schatten lasse sich umfassend auflisten. Noch viel weniger ist es so, daß damit die Arbeit schon getan wäre. Ich habe öfters in meinem Buch des Schreckens gelesen und die Gefühle wieder aufleben lassen, die sich mit dem Unschönen verbanden. Das habe ich vor allem dann gemacht, wenn ich mich in schöner Übereinstimmung mit dem Guten und Schönen in der Welt fühlte. In solchen Stunden erträgt man die schmerzliche Erinnerung besser; es ist aber auch die Zeit, in der das Unschöne die Tendenz hat, wieder ins Vergessen abzugleiten, wo es weniger schmerzt. Das Lesen im Buch des Schreckens verhindert, daß man sich an der vermeintlichen Teilhabe an den »objektiven Werten« aufbläht.

Vergessen Sie aber auch nicht, eine andere Liste zu erstellen: jene Ihrer Erfolge, des Glücks, des gelungenen Guten und Schönen, der Reife. Denn auch diese schöne Seite gehört zu Ihnen, und überraschenderweise verlieren wir auch sie manchmal aus dem Blickfeld. Beide Bücher gehören zusammen. Unsere Existenz umfaßt eine Ausgabe in zwei Bänden. Und erst, wenn wir beide gelesen haben, sind wir näher bei uns und ein wenig mehr wir selbst.

Vielleicht ist die Annahme unseres Schattens auch eine Aufgabe, die allein überhaupt nur sehr schwer lösbar ist. Freundschaft und Partnerschaft sind Chancen, seiner Ganzheit, also auch dem uns Verborgenen, im Spiegel des andern zu begegnen. Es gibt im Johannesevangelium die erschütternde Geschichte, die am Teich Bethesda spielt. Wer beim Aufwallen des Wassers zuerst ins Bad gelangt, wird geheilt. Ein Mann liegt seit 38 Jahren da und hat es noch nie geschafft, der erste zu sein. »Ich habe keinen Menschen«, sagt er zu Jesus. Wie viele können es ihm heute aus ganzem Herzen nachsprechen! Und es sind keineswegs nur die älteren Menschen, die an der Einsamkeit leiden. Auch junge brechen unter der Last der Erwartungen, die an sie gestellt werden, fast zusammen und leiden am wirklichen oder vermeintlichen Ungenügen. Wer keinen Menschen hat, für den bleibt sein eigenes Buch fast unlesbar. Jemand muß das Lob, das Ausdruck des Glaubens an den Menschen ist, aussprechen. Jemand muß das Ungute mittragen und ertragen, damit man weiter glauben kann, liebenswert zu sein.

Ins Bad also! Selbst wenn das kühle Naß zuerst ernüchtert und die Nacktheit beschämt. Der Marquis badet nicht in abgestandenem Wasser. Das wäre

Regression, ein Schritt zurück, bis hinein in den mütterlichen Schoß. Der Kater ruft zum Aufbruch in neues Leben. Und Leben heißt Wandlungsfähigkeit, so wie Wasser immer auch Symbol der Wandlungsfähigkeit war. »Seele des Menschen, wie gleichst du dem Wasser!« Zu wissen, daß man sich wandeln kann, ist ein Teil der Reife. Sie ist allerdings nur um den Preis von Schweiß und Tränen (beides Wasser!) zu haben. Aber dessen dürfen Sie gewiß sein: Wenn Sie Ihre Wandlungsfähigkeit bewahren oder wiedergewinnen, wird immer wieder Überraschendes geschehen. Sie werden Grenzen überschreiten, die Sie längst als endgültig betrachtet hatten. Es galt früher auch in den Grundbesitzverhältnissen, daß Gebietsveränderungen, welche durch das Wasser entstanden waren – etwa dadurch, daß ein Grenzfluß seinen Lauf änderte –, gültig waren und akzeptiert werden mußten.

Die Israeliten haben sich erst durch den Gang durch das Rote Meer aus der Sklaverei befreit. So auch der Herr Marquis. Er ist gleichsam mit neuer Kraft aufgeladen wie jene griechischen Statuen, die man gelegentlich wieder ins Wasser tauchte, nicht um sie zu reinigen, sondern um die von ihnen ausgehende Kraft zu erneuern.

Die neuen Kleider

Während man den armen Marquis von Carabas aus
dem Fluß zog, ging der Kater auf die Karosse zu und
erzählte dem König, daß, während sein Herr gebadet
habe, Diebe gekommen seien, die seine Kleider mitgenommen hätten, obwohl er aus vollem Halse
»Haltet den Dieb« gerufen habe; sein leichtsinniger
Herr habe sie unter einem Stein versteckt gehabt.
Der König befahl sogleich den Offizieren seiner Leibgarde, eines seiner schönsten Kleider für den Herrn
Marquis von Carabas zu holen, ja, er sagte ihm
tausend Freundlichkeiten, und als die schönen Kleider,
die man ihm inzwischen gegeben hatte, sein hübsches
Gesicht erst zur Geltung brachten (er war nämlich
schön und von wohlgeratenem Wuchs), da fand ihn
die Tochter des Königs sehr nach ihrem Geschmack…

Hier beginnen also die faustdicken Lügen des
Katers. Wie kann der Junge seinen Versprechungen vertrauen, wenn er den König so schamlos
belügt? Diese Lügen sind mit ein Grund, warum
Interpreten und Erzieher diesem so bekannten Märchen doch immer mit Vorbehalt begegneten. Daß der
Nichtstuer zu Erfolg kommt, damit könnte man sich
zur Not abfinden. Daß aber der ganze Erfolg auf

einem Lügengespinst beruht ... Solange nur der Kater lügt, nun ja, ihm gesteht man magische Kräfte zu und mißt nicht mit moralischer Elle. Aber jetzt, beim Kleiderfassen, macht sich der junge »Marquis« zum Lügenkomplizen. Jetzt spielt auch er ein ungutes Spiel und führt den König bewußt irre.

Dieser Auffassung liegt ein doppeltes Mißverständnis zugrunde. Zuerst müssen wir uns damit abfinden, daß sich die Märchen nicht in irgendein ethisches oder religiöses System einordnen lassen. Zwar verkünden sie eine tiefe Wahrheit, aber diese ist so allgemein-menschlich, daß sie die Systeme übergreift oder vielmehr vor ihnen liegt. Ihre Aussagen stimmen zwar erfreulich oft mit den Erfahrungen der Religionsstifter und Mystiker überein, aber sie lassen sich für keine Religion vereinnehmen. Vielleicht könnte man eher sagen, daß die Übereinstimmung für die menschliche Nähe und Tiefensicht eines ethischen Systems spricht.

Soviel vorausgesetzt, ist gleich beizufügen, daß der Marquis sich eigentlich gar nicht verkleidet. Er ist nicht Komplize einer Lüge geworden. Vielmehr ist der Kleiderwechsel der jetzt fällige Ausdruck eines Adels, der dem Jungen nach dem Bad durchaus zukommt. Das Innere, das neu Gewordene, drängt nun zum Ausdruck. Und weil die Märchen Inneres nur durch Äußeres auszudrücken vermögen, wählen sie gerne das Symbol der königlichen Kleidung, um den Zustand des Auserwähltseins darzustellen.

Der Junge *ist* adelig. Adel verpflichtet, sagen wir und meinen damit meist, daß der Adelige sich entsprechend zu benehmen habe. Aber Adel verpflichtet auch die andern. Wahrer Adel fordert Respekt, und es ist demnach an der Zeit, dem Burschen das ihm Zukommende zu verschaffen.

Mir scheint vor allem wichtig, daß der Junge nicht zögert, die Gelegenheit beim Schopf zu packen. Es ist seine erste, und die erste ist allzu oft auch die einzige. Wenn wir mit unserem Kater vertraut sind, brauchen wir uns nicht auf eine unendliche Suche zu begeben. Zwar bleibt es dem Ich immer vorbehalten, zu prüfen und den Weg in eigener Verantwortung mitzugehen. Aber der Kater führt nicht in die Irre. Sie werden mit ihm nicht zu den Menschen gehören, die auf der Suche nach den besten Brötchen der Stadt verhungern.

»Wie gern ich in ein wartend Wasser tauchte!
Des Schnitters harrt die ernteschwere Ähre;
Ich suche einen Menschen, der mich brauchte,
dem ich die erste und die letzte Hoffnung wäre.«

So dichtet ein Sechzehnjähriger; er beschreibt die freie, schwebende Sehnsucht nach Liebe und Hingabe, wie sie der Pubertät entspricht. Wenn wir genau hinhören, ist seine ganze Unreife zur Beziehung ausgedrückt. Es kommt nämlich nicht nur zarte Scheu zum Ausdruck. Die Bereitschaft zur echten, gleichgewichtigen Beziehung ist noch unentwickelt. Dieser Junge kann noch nicht zupacken und mit den neuen Kleidern in die Karosse zur Königstochter einsteigen. Um eine Liebe zu kämpfen wäre für ihn noch zu gewagt. Es muß ein wartendes Wasser sein. Die Ähre harrt passiv des Schnitters. Ist das ein fruchtbares Warten, ein Warten auf die Zusage des Katers hin?

Die beiden letzten Verse verstärken die Zweifel: Er ist zur Beziehung bereit, wenn das Du ihn braucht. Das ist jetzt noch die Voraussetzung dafür, daß er sein eigenes Bedürfnis verwirklichen kann oder darf. Ja der andere muß sogar ein absolutes Bedürfnis haben. Damit ist jede Konkurrenz (und damit auch der Kampf) ausgeschlossen. Wie wenig er selbst auch geben kann, als »letzte Hoffnung« glaubt er sich gut genug. Im gegenwärtigen Zeitpunkt seiner Entwicklung jedenfalls ist er noch zu unsicher, seiner Werte noch zu wenig bewußt. Er ist noch nicht »zumutbar«; Beziehungen in diesem Zustand können nicht gut ausgehen. Der Ich-Schwäche des einen kommt die absolute Bedürftigkeit des anderen entgegen.

Woher kommt das Zaudern, die Unfähigkeit, zuzupacken? Manchmal ist es der Unwille, den der Abschied von Illusionen auslöst. Andere wollen die Beschränkungen nicht akzeptieren, die jede Entscheidung mit sich bringt. Es mag auch eine uneingestandene oder unbewußte Angst vor der Bewährung sein, der man ausgestzt ist, wenn man sich den Dingen dieses Lebens stellt.

So gibt es dann diese Menschen, die wir alle kennen: Jahrelang lassen sie möglichst alles offen, legen sich nie ganz fest. Sie warten, hoffen, bitten, beten. Aber ihr Warten ist passiv-abseitsstehend, ein Warten am Fenster, statt drunten auf der Straße.

In einer Gruppe erzählt ein solcher Zauderer folgende aktive Imagination:

»Ich begegne einer Katze. Sie rollt die Augen und schüttelt den Kopf. Dann versetzt sie mir mit der rechten Pfote einen sanften Schubs vorwärts. Ich bleibe wieder stehen. Nun faßt sie mich mit der linken Pfote und zieht mich zu sich. Ich sage ihr: Hilf mir weitergehen. Was ist zu tun? Da springt die Katze mit voller Kraft mehrmals auf allen vieren zu Boden. Ich glaube zu verstehen: Du mußt ›auf die Welt kommen!‹, auf dem Boden bleiben. Trotzdem frage ich sie, was sie damit sagen wolle. Da erscheint auf jeder Pfote eine Inschrift und zwar: ›Schmerzen‹, ›Schweiß‹, ›Feuer‹, ›Tränen‹.«

Schöner könnte man es wohl nicht sagen: Geh voran! Ich zeige dir die Richtung. Aber ich erspare dir nicht das Beschwerliche. Es geht ans Lebendige. Das ist der Preis für dein Erwachen aus dem Schein-tod ins Leben.

Der Marquis geht da beispielhaft voran. Er packt mutig das Gewand und steigt ein. Er weiß nicht, wohin es geht. Aber er trägt jetzt schon das Königs-kleid, das an das hochzeitliche Gewand der Bibel erinnert und das den Eintritt ins Paradies ermöglicht. Das Paradies, die Vollendung des Glücks, die Frucht der Reife, das ist die Liebe der Königstochter. Sie gefällt dem Jungen, und er gefällt offenbar ihr. Er steigt in die Karosse. Aber es fehlen ihm noch zwei Dinge: Land und Schloß. Der Kater hilft sie ihm besorgen.

… denn sie werden das Land besitzen

Der König bestand darauf, daß er in die Karosse
einstieg und an der Spazierfahrt teilnahm. Der Kater
sah mit Entzücken, daß sein Plan anfing zu gelingen;
er lief voraus, und als er ein paar Bauern traf, die eine
Wiese mähten, sagte er zu ihnen:
»Ihr guten Leute, die ihr da mäht, wenn ihr nicht
zum König sagt, daß die Wiese, welche ihr mäht,
dem Herrn Marquis von Carabas gehört, so sollt ihr
alle kleingehackt werden wie Pastetenfleisch.«
Der König verfehlte nicht, die Mäher zu fragen, wem
die Wiese gehöre, die sie da mähten.
»Sie gehört dem Herrn Marquis von Carabas«, sagten
sie alle zugleich; denn die Drohung des Katers hatte
ihnen Angst gemacht.
»Ihr habt da ein schönes Erbteil«, sagte der König
zum Marquis von Carabas.
»Wie Ihr seht, Sire«, erwiderte der Marquis, »das ist
eine Wiese, die unfehlbar alle Jahre einen überreichen
Ertrag bringt.«
Meister Kater, der immer noch vorauslief, traf ein
paar Schnitter und sagte zu ihnen:
»Ihr guten Leute, die ihr das Korn schneidet, wenn
ihr nicht sagt, daß alle diese Felder dem Herrn
Marquis von Carabas gehören, so sollt ihr alle klein-

gehackt werden wie Pastetenfleisch.«

Als der König einen Augenblick später vorbeikam, wollte er wissen, wem alle diese Kornfelder gehörten, die er da sah.

»Sie gehören dem Marquis von Carabas«, antworteten die Schnitter. Und der König freute sich auch darüber mit dem Marquis.

Der Kater, der vor der Karosse herlief, sagte immer das gleiche zu allen Leuten, auf die er traf, und der König war ganz erstaunt über die großen Güter des Herrn Marquis von Carabas.

Abschied! Das königliche Gefährt entführt den Marquis weg von der Heimat. Er hat zwär dort niemanden mehr, aber vielleicht schmerzt es ihn doch. Aber er kennt nun seinen Kater gut genug, um zu wissen, daß etwas Bedeutendes geschieht. Das ist im Leben ja immer so: Wenn etwas Schönes in Aussicht steht, wenn wir Großes im Sinn haben, wenn wir wissen, daß jemand etwas von uns erwartet oder eine Pflicht uns ruft, so sind wir auch bereit, etwas hinter uns zu lassen. Nicht daß wir keinen Schmerz empfinden; die junge Braut weint mit der Mutter beim Ausgang der Kirche Tränen der Freude und des Schmerzes. Aber das ist Lebensschmerz: So ist es; es gibt nichts Neues, ohne daß wir Altes hinter uns lassen. Nur um diesen Preis wissen wir uns eingewoben in den Kreislauf des Lebens vom Frühling zum Herbst. Wir müssen um die Fähigkeit kämpfen, solche Abschiede durchzustehen.

Das Leben will es so, daß wir manchmal auch in der Lage der »Hinterbliebenen« sind. Dann schmerzt es uns noch mehr, weil wir anscheinend nur die Verlierer sind. Es muß uns dann eine Freude sein, den Abschiednehmenden heranwachsen zu sehen. Eine reife Mutter wird nie bitten: Bleib jetzt doch noch bei mir, solange ich lebe! Ein kluger Chef wird den tüchtigen jungen Angestellten nicht mit höherem Gehalt dazubehalten versuchen. Das Leben steht auf der Seite des Jungen. Manchmal muß man sogar selbst einen kleinen Schubs geben, wenn der Junge nicht fort will. Das schmerzt, und der so Weggeschickte kann uns erst noch falsch verstehen. Seit der junge Marquis die Zeit des Wartens durchgestanden hat, ist das Leben für ihn voller Überraschungen. Er erfährt jetzt, daß die Reise nach innen ein Abenteuer ist. Eigentlich nimmt er ja nicht nur Abschied von daheim; in ihm selbst wandeln sich die Dinge.

Manchmal gehen wir ja nur weg, um die Routine anderswo fortzusetzen. Bloßer Ortswechsel bringt wenig. Wir haben uns bald wieder mit den alten Möbeln eingerichtet, sitzen vor dem gleichen Fernsehprogramm, und für die oberflächlichen Beziehungen findet sich immer leicht Ersatz. Solange wir innerlich unbewegt bleiben, helfen alles Reisen und alle äußere Bewegung nichts. Wir nehmen uns selbst ja immer auf die Reise mit. Es ist dann, als wechselten wir nur die Spiegel, in denen wir immer wieder uns selbst sehen, mit etwas verändertem Hintergrund vielleicht.

Ein Wechsel der äußeren Umstände kann durchaus anregend sein. Wenn aber ein Mensch innerlich leidet, an schwerer Vereinsamung krankt, depressiv ist, dann sind gutgemeinte Ratschläge zum Reisen oder zum Wechsel des Arbeitsplatzes manchmal unklug. Es gibt seelische Krankheits- oder Schwächezustände, bei denen buchstäblich allein der äußere Rahmen das ganze Bild noch zusammenhält.

Mit der Reise durchs Land erzählt das Märchen eine neue Seite dessen, was den Menschen erwartet, der auf den Kater hört und sich von ihm leiten läßt. »Plötzlich wird das vorher so langweilige unfreie Leben ein reiches, nicht endenwollendes Abenteuer voller Gestaltungsmöglichkeiten.«[14]

Die Szene beschreibt ein dramatisches Geschehen: Der Junge muß das Land erobern, das eigentlich zu seinem Marquisat gehört, über das er aber noch nicht verfügt. Das Land ist Symbol für die Bereiche inneren Lebens, die dem Ich, dem bewußten Leben verfügbar und zugänglich sind. In der jahrtausendealten Geschichte der menschlichen Entwicklung hat das Bewußtsein dem Unbewußten immer weitere Bereiche allmählich entzogen und sie gleichsam ins Licht des Empfindens und des Geistes gezogen. Aber der Umfang des Landbesitzes ist nicht bei allen gleich, und, auch das muß man sagen, er ist nie ganz endgültig gesichert. Es gibt seelische Krankheitsbilder, bei denen das Unbewußte das ganze eroberte Land zu überschwemmen droht und die Alleinherrschaft antritt, wobei manchmal nur noch auf der Spitze eines noch nicht ganz überschwemmten Berges ein Funke Ich-Bewußtsein machtlos und erschüttert den dramatischen Untergang verfolgt.

So bedrohend geht es gottlob allerdings nur selten zu. Aber es kann auch so aussehen: Das Land ist zwar scheinbar verfügbar, jedoch ist es teilweise unfruchtbar geworden. Im Märchen vom Teufel mit den drei goldenen Haaren ist diese Lage geschildert: Der Baum trägt keine Frucht mehr, und der Brunnen, aus dem sonst sogar Wein floß, ist ausgetrocknet. Es ist alles da, und doch ist es buchstäblich »zum Teufel gegangen«. Einer muß dann mit viel Mut und List Angst und Gefahr durchstehen und dem Teufel das Geheimnis entreißen. Fast jeder hat auf seinem seelischen Landgut solche verdorrten oder halbabgestorbenen Bäume oder ausgetrocknete Brunnen. Von irgendwoher fällt ständig Schatten auf einen Teilbereich. Menschen, die solches spüren, können oft Ernst und Würde bewahren, aber die sonnige Heiterkeit des Gemüts will sich nicht mehr einstellen.

Solange wir unter der Unfruchtbarkeit oder Dürre noch leiden, ist der Zustand weniger schlimm, als wenn wir überhaupt vergessen haben, daß da ein Landstrich eigentlich uns gehörte. So scheint es ja dem König zu ergehen: Er weiß gar nicht, wem das Land eigentlich gehört.

Wie äußert sich so eine Dürre oder der Landverlust? Da ist ein Mensch in seinen Beziehungen offen und herzlich, aber mit ganz bestimmten Menschen kann er »nichts anfangen«. Der Ausdruck sagt sehr treffend, daß er das Problem gar nicht angehen kann. Es steht nämlich häufig gar keine schwere Enttäuschung dahinter; niemand hat ihm Schmerz zugefügt oder etwas zuleide getan. Dennoch will er von ihnen »nichts wissen«. Um im Bild zu bleiben: Ein ganzes

Gartenbeet wird nicht bepflanzt, und er weiß nicht recht, warum das so ist.

Mancher ist eigentlich sehr leistungsfähig und diszipliniert. Aber etwas Bestimmtes, eine oft nur kleine Aufgabe bleibt immer wieder unerledigt liegen. Man weiß gar nicht, was Seltsames ihn hindert, das anzugehen.

Ebenso gibt es selbst für scheinbar Unermüdliche bestimmte Arbeiten, die sie seltsam ermüden. Jedenfalls steht die Ermüdung in keinem vernünftigen Verhältnis zur erbrachten Leistung.

Ein Schüler lernt sehr gut, aber ganz bestimmte Lernstoffe »wollen ihm nicht in den Kopf hinein«. Jemand herrscht da offenbar in einem Teilbereich und will nicht, was das Ich doch will.

Fast jeder, und sei er noch so selbstbewußt, hat in einem kleinen Bereich eine seltsame Angst. Und sei es nur vor kleinen Mäuschen. Wir wissen nicht warum.

Ich habe absichtlich eine ganze Anzahl solch höchst alltäglicher Beispiele ausgewählt. Alle weisen in die gleiche Richtung: Da ist ein Teilbereich nicht zugänglich. Vielfach haben wir uns damit abgefunden, daß auf einen Teilbereich unserer Ländereien Schatten fällt, daß an Waldrändern Wölfe den Zugang versperren, daß ein Bachbett ausgetrocknet ist. Wir sind nicht Herr im ganzen Reich. Das ist an sich nicht so schlimm, aber es macht uns ärmer. Und wenn wir uns das Gebiet zu sehr einschränken lassen, wird es beängstigend. Die Bewegungsmöglichkeiten werden eingeschränkt. Das Gefährliche daran ist, daß man sich an solche allmählich entstandene Eigentumsbeschränkungen gewöhnt, bis man sie gar nicht mehr richtig wahrnimmt. Das Ich hat zuviel Land an unbewußte Mächte abgetreten.

Dies ist nun die Lage, welche sich im Märchen darbietet. Da ist der König, der mit seiner Karosse in »seinem« Land ausfährt. Seine Fahrt führt in Landstriche, die zwar zu seinem Reich gehören, die sich ihm aber entzogen haben. Es fällt doch auf, daß der König so große Landstriche nicht kennt, ja daß er sogar um das Schloß des Zauberers nicht weiß!

Er macht sich fast ein wenig lächerlich. Ständig fragt er, wem das Land gehöre. Dreimal ist die Szene geschildert, in der Märchensprache heißt das, es geschieht immer wieder. Als König müßte er es eigentlich wissen. Aber die wirkliche Gefahr ist ja eben die andere: Er könnte sich damit abfinden, daß ihm nicht alles wirklich gehört, daß sein Herrschaftsbereich Grenzen hat. Er könnte einfach nicht mehr hinaussehen und sich in der Karosse wohlig einrichten oder mit den Jungverliebten ein munteres Gespräch führen. Aber seine Neugier ist etwas sehr Gesundes: Was gibt es denn da noch für Land, das doch eigentlich mir bekannt sein müßte? Wer herrscht hier als mein unbotmäßiger Vasall? Wem wächst so schönes Gras, wer erntet so goldgelbes Korn, ohne mir Tribut zu zahlen? Er sagt es laut. Das Ich soll es hören.

Wie kommt es zu solchen Terrainverlusten?

Einiges haben wir aus den Augen verloren, weil wir aus irgendeinem Schmerz nicht mehr hinblicken. Der Anblick wäre vielleicht zu schmerzlich oder zu gefährlich. Vielfach ist solches Verdrängen in frühkindlicher Zeit geschehen, an die uns wenig Erinnerungen zurückbinden. Aber auch später haben wir die Tendenz, dem, was uns weh tun könnte, auszuweichen; manchmal auch meinen wir aufgrund unserer Erziehung, etwas dürfe nicht dasein, aber es ist doch da, und wir unterdrücken oder verdrängen es.

Es ist aber wohl auch ganz einfach menschliches Geschick, daß wir nicht alles in unseren Blick einfangen können. Wir sehen eben nur in eine Richtung zugleich. Im Verlaufe des Lebens beginnt man um sich zu blicken und entdeckt bisher verborgen Gebliebenes. Die Augen gehen einem buchstäblich auf für Dinge, die einem bisher entgingen.

Nun sagt uns das Märchen: Das Land ist nicht endgültig verloren. Ich zeige dir sogar, wie du es wiedergewinnen kannst. Du brauchst den Kater als jenen Verbündeten im Unbewußten, der auf Ganzheit bedacht ist.

Die Psychologen nennen diese Instanz das Selbst. Wir haben schon gesehen, daß der Kater ein Symbol des Selbst unseres Burschen ist. Dieser Kater nun weiß, »wo es lang geht«. Er geht voran; offenbar kennt er besser als wir die enteigneten Ländereien. Wir müssen allerdings auch hingehen. Wie der König muß der Geist hinsehen und fragen: Wem gehört dieses Land um mich? Wo haust der ungetreue Vasall? Und dann gilt es, Anspruch zu erheben im Namen des Königs, des Geistes. Die Besitz-Aufteilung unter König und Marquis/Zauberer erweist sich als sehr sinnvoll. Dem Geistgesetz ist dies Land verpflichtet. In diesem Sinn hat der König Anspruch auf das Land als zu ihm gehörend und seinem Gesetz grundsätzlich unterworfen. Aber die Verwirklichung dieser Geistherrschaft vollzieht sich nicht freischwebend, sondern ist auf Inkarnation im Menschen angewiesen. Die Geistherrschaft wird durch Vasallen ausgeübt. Der Marquis ist ein solcher »Lehnsherr«. Wo nun ein Usurpator über ein Landstück herrscht, muß der rechtmäßige Marquis seinen Anspruch erheben. Der Menschenfresser hält nur besetzt, was dem Marquis zusteht. Der Landstrich ist dem Geist verpflichtet, aber noch nicht unterworfen. Der Marquis muß die Unterwerfung vornehmen. Es muß daher der kämpferische Wille dasein, das Geschehen in diesen Bereichen wieder in den Griff zu bekommen. Es muß wieder bekannt werden: Das ist das Land des Ich, und wehe euch, wenn ihr das vor dem Geist (dem König) nicht bezeugt!

Dann geschieht die Rückeroberung. Es beginnt beispielsweise eine Auseinandersetzung, an die ich vor einiger Zeit noch nicht einmal im Traum zu denken gewagt habe. Auch hier deckt die Sprache eine Wahrheit auf: Häufig ist es so, daß wir beim Wiedergewinnen einer Domäne, deren wir lange verlustig waren, zuerst im Traum etwas tun dürfen. Das ist dann ein Zeichen, daß innerlich ein Bann gebrochen ist.

Es kann also passieren, daß plötzlich Gefühle der Eifersucht oder des Neides dasein dürfen, die wir wegen ihrer Häßlichkeit aussparten; und weil sie nicht dasein durften, entglitten sie unserem Bewußtsein, um dann als Kobolde hinter unserem Rücken allerlei Schabernack und groben Unfug zu treiben. Wenn wir sie nun wieder herzitieren, gibt es zuerst

Unruhe im Haus; wo himmlischer Friede herrschte, geht es nun »wie in einem hölzernen Himmel« zu, daß man sich schämen muß. Aber man kann jetzt auch mit diesen Gefühlen »reden«, und ihr oft ungutes Treiben gerät unter Kontrolle.

Da die Sanftmütigen das Land besitzen werden, wäre es vermessen, zu schnell zuviel zu wollen. Jedem werden einzelne Grundstücke unzugänglich bleiben. Manchmal gibt es auch Bereiche, die man besser unangetastet läßt. Der Kater weiß auch darum. Unser Leben schränkt die Verfügbarkeit manchmal ein. Nicht jeder soll wie Visconti sagen: »Entwürdigung beginnt in dem Moment, wo man nicht mehr völlig über sich verfügt. Deshalb habe ich mich in den Stunden schlimmster Erschöpfung in die Arbeit gestürzt. Nie habe ich soviel gelesen, soviel entworfen wie in meinen schwersten Tagen und meinen schlaflosen Nächten.«

Die Schlachten um die Wiedereroberung werden auch ihre Spuren hinterlassen. Zwar werden sehr viele neue Energien frei. Aber all das Schwere ist nicht weggewischt, sondern wird verwandelt. So wie der Rabbi in Joseph Roths »Hiob« der Mutter des Krüppels Menachim prophezeit: »Der Schmerz wird ihn weise machen, die Häßlichkeit gütig, die Bitternis milde und die Krankheit stark.«

Vom Umgang mit der Angst

Endlich kam Meister Kater vor ein schönes Schloß, dessen Herr ein böser Zauberer war, der reichste, den man je gesehen hatte; denn alle Ländereien, durch die der König seine Spazierfahrt gemacht hatte, waren diesem Schlosse lehnspflichtig. Der Kater, der sich klüglich erkundigt hatte, wer dieser Zauberer war und was er konnte, verlangte ihn zu sprechen, indem er sagte, er habe nicht so nahe an seinem Schloß vorbeiziehen wollen, ohne die Ehre zu haben, ihm seine Aufwartung zu machen.

Der Zauberer empfing ihn so höflich, wie es ein böser Zauberer kann, und ließ ihn Platz nehmen.

»Man hat mir versichert«, sagte der Kater, »daß Ihr die Gabe habt, Euch in jede Art von Tier zu verwandeln; daß Ihr Euch also zum Beispiel in einen Löwen oder in einen Elefanten verwandeln könnt.«

»Das ist wahr«, erwiderte der Zauberer barsch, »und um es Euch zu beweisen, werdet Ihr gleich sehen, wie ich ein Löwe werde.«

Der Kater war so erschrocken, einen Löwen vor sich zu sehen, daß er sogleich auf die Dachtraufen floh, wahrlich nicht ohne Mühe und Gefahr wegen seiner Stiefel, die nicht geeignet waren, mit ihnen auf den Dachziegeln zu laufen.

111

Bald darauf, als der Kater gesehen hatte, daß der Zauberer wieder aus seiner ersten Verwandlung geschlüpft war, kam er herunter und gestand, daß er große Angst gehabt habe.

»Man hat mir sogar versichert«, sagte der Kater, »aber ich vermag es nicht zu glauben, daß Ihr auch Fähigkeit hättet, die Gestalt der allerkleinsten Tiere anzunehmen, also zum Beispiel Euch in eine Ratte oder in eine Maus zu verwandeln. Aber ich muß Euch gestehen, daß ich das für ganz unmöglich halte.«

»Unmöglich?« versetzte der Zauberer. »Ihr werdet sehen.«

Und im gleichen Augenblick verwandelte er sich in eine Maus, die auf dem Boden umherzulaufen begann. Kaum hatte der Kater sie gesehen, da sprang er zu und fraß sie auf.

Diese Szene bildet den dramatischen Höhepunkt der ganzen Geschichte, ganz kurz vor der endgültigen Wende zum Guten.

Es fehlt dem Marquis ein Schloß. Nun weiß zwar der Kater, daß es so ein schönes Schloß im Zentrum der für den Marquis beanspruchten Lande gibt. Aber dort haust ein böser Zauberer. Er hält nicht nur das Schloß besetzt, sondern er ist es auch, der die weiten Landstriche umher in seine Lehnspflicht genommen hat. Das Schloß erobern heißt, eine große Angst überwinden.

Wo zwei, der Zauberer und der Marquis, denselben Platz beanspruchen, wird es eng. Und Angst kommt von Enge. Das Verlassen der Heimat macht angst; das Ausgestoßensein aus der Familie beängstigt; das Ungewisse der Zukunft macht bange. Und viele dieser mehr oder weniger bewußten konkreten Ängste, die den Burschen plagen (und oft eben auch uns bedrängen), sind irgendwie nur das Echo einer ganz großen Angst, die wir als Kind durchstehen mußten: die Angst vor der Abwesenheit der schützenden, nährenden und wärmespendenden Mutter, also vor Trennungen, die wir erlitten und als Anfang der Auflösung der innigen Lebensgemeinschaft mit ihr empfanden. Wir haben diese Erlebnisse zum Teil verarbeitet, zum Teil abgedrängt, aber tief im Innern wirken sie nach. Vielleicht im Unvermögen, auch nur das Kleinste zu riskieren, in einer übertriebenen Angst um das Wohlergehen unserer Kinder, in der ständigen Umschau nach Sicherheit oder der Angst vor dem Alleinsein oder vor dem Verarmen.

Und jetzt, da der Junge sich ändert, da er manches hinter sich läßt und sich nach Neuem ausstreckt, da er in neue Regionen seiner Seele vorstößt, wird diese Angst auch in ihm wieder lebendig, weil er sich fragt: Werden die andern mich noch akzeptieren und lieben, wenn ich mich ändere, etwas aus mir mache, mehr ich selbst bin?

Solche Gefühle bedrängen oft gerade jene, die etwas erreicht haben. Je weiter oben einer ist, um so dünner wird die Luft, die Atmosphäre von Wärme, um ihn. Politiker, Geschäftsleute schreien oft geradezu nach Liebe, weil sie viele um sich haben und niemanden haben. Sie zahlen mit der Scheu und der Distanz anderer einen hohen Preis für den Erfolg.

Wir dürfen diese Ausläufer unserer kindlichen Ängste nicht als ein infantiles Relikt belächeln. Es gibt ja im Leben nichts Wichtigeres als Zuwendung und Liebe; wenn sie nicht gelingt, ist eigentlich alles vertan. »Nicht geliebt zu werden ist das Schlimmste im Leben; es ist furchtbar. Man wird böse und verstockt«, heißt es im Film »Jenseits von Eden«.

Wenn irgend jemand auf dieser Welt weiß, was Leid ist, dann wohl Mutter Teresa. Auch sie bestätigt: »Überall auf der Welt ist soviel Leid; Leid, das vom Hunger, von Heimatlosigkeit, von allen möglichen Krankheiten herrührt. Aber ich glaube, daß das größte Leid darin besteht, allein, unerwünscht, nicht geliebt zu sein, wirklich niemanden zu haben; nicht mehr zu wissen, was es heißt, menschlichen Kontakt, menschliche Liebe zu haben, erwünscht und geliebt zu sein.«

Möglicherweise kommt bei unserem Marquis eine neue, große Angst dazu. Der Junge hat ein Mädchen kennengelernt. Es beginnt die glückliche Zeit der ersten Liebe. Das Schloß kann auch als Symbol des Weiblichen, der Anima, verstanden werden. Nun gibt es nicht selten neben dem Glück der Zuneigung auch die Scheu vor der Bindung. Dahinter steckt manchmal ein überstarkes, negativ besetztes Mutter- oder Frauenbild. Das Ich fürchtet, von diesem Allmütterlichen verschlungen, gefressen zu werden. Auch darüber mag mancher lächeln; sieht man aber die vielen Paare, die sich »zerfleischen«, so vergeht einem das Lachen. In jeder engen Beziehung droht dem einen, in die Enge gedrängt zu werden, so daß er kaum mehr frei atmen kann.

Angst ist immer das Un-Eigentliche, hinter dem sich das Gemeinte versteckt. Manchmal ist diffuse Angst ein Hinweis dafür, daß wir allgemein im Un-Eigentlichen leben. Angst kann dann ein Alarmzeichen sein: Wenn du so weiterfährst, droht dein wahres Leben in dir abzusterben. Für die Ersatz-Angst ist dann das Ersetzte zu suchen. Dies ist manchmal ein langwieriger Prozeß. Unser Kater erkundigt sich sehr genau, was es mit dem bösen Zauber auf sich hat und welche Gestalten er annehmen kann.

Die Meisterleistung des Katers in unserem Märchen besteht darin, daß er uns zeigt, wie mit der Angst umzugehen ist. Zuerst findet er heraus, daß sie wandelbar ist: Menschenfresser, Löwe, Mäuschen.

Das zweite, was der Kater tut: Er geht die Angst an. Er dreht und wendet sie gleichsam und versucht, den Zauberer zur Verwandlung zu überreden, das heißt sich von einer andern Seite zu zeigen, bis er jene Form der Angst, das Mäuschen, gefunden hat, die für ihn »verdaulich« ist. Und die angesprochene Angst verändert sich tatsächlich. Angst fürchtet ja nichts so sehr wie unseren Mut, ihr gerade ins Gesicht zu sehen: Ja, du bist da, und ich habe Angst, daß du mich auffrißt.

Etwas Ähnliches, wie wir bei den neuerwachten Gefühlen gesagt haben, geschieht hier: Zuerst wird die Lage für den Kater eher schlimmer. Er entflieht auf das Dach. Daß selbst der Kater flieht, ist eine heilsame Lehre. Seine Flucht stellt ihn zwar in ein etwas schlechteres Licht. Unser Bild vom stolzen, pfiffigen und unbesieglichen Kater ist etwas angekratzt. Aber er sagt uns: Es gibt Ängste, denen wir im

Moment noch nicht gewachsen sind. Es wäre gefährlich, Angstzustände mit verkrampftem Heroismus anzugehen. Gelegentlich brauchen wir die Hilfe eines erfahrenen Therapeuten, weil wir allein noch zu schwach wären, eine Angst durchzustehen.

Mir scheint sehr wichtig, daß der Kater sich nun nicht auf dem Dach festsetzt, sich dort verschanzt. Im Moment ist dies ja die sicherste Lösung, aber auf Dauer wäre sie lebensbedrohend. Angst frißt sich ein. Wir geben ihr Autonomie und Freiheit preis. Wir dürfen nur noch tun, was sie gestattet. »Angst entstellt das Antlitz des Menschen«, sagt Kommissar Ode in einem seiner Filme. Und sie ist ansteckend. Der Kater beobachtet vielmehr den Löwen und wartet, bis dieser sich wieder zurückverwandelt hat. Dann steigt er hinunter und gesteht dem Zauberer, *daß er Angst hat.* Noch einmal versucht er dann, die Angst zu »drehen«, eine Seite zu finden, wo er sie anpacken kann. Und wie er sich ihr nochmals stellt, wird sie zum Mäuschen, das für ihn ja geradezu ein Leckerbissen ist. Aber auch das Nagetier wäre gefährlich. Der Kater könnte die Angstbewältigung jetzt aufgeben und sagen: Nun ja, so ein Mäuschen im Schloß dürfen wir schon leben lassen. Aber die Aufgabe wäre nicht erfüllt. Wer weiß, an welchen Wurzeln die Maus zu nagen begänne? Anfänglich würde niemand etwas bemerken, aber Ast um Ast des Lebensbaumes, an dessen Wurzeln die Angst nagt, könnte zu verdorren beginnen. Und wer weiß, ob sich das Mäuschen nicht wieder zurückverwandelt?

Die Aufgabe ist erst gelöst, wenn der Menschenfresser einverleibt ist. Der Kater hat das Mäuschen in sich aufgenommen und muß es verdauen. Er erkennt dadurch an, daß das, was ihn ängstigte und ihm mißfiel, ein Teil von ihm selbst ist. Sobald er aber zugibt, daß er selbst der böse Zauberer ist, erlebt er, daß der nur so wild tut, bis wir ihn als den unseren akzeptieren. Hat er einmal Wohnrecht, dann hat er es seltsamerweise nicht mehr nötig, den andern Teil des Menschen aufzufressen oder sich aggressiv auf Menschen der Umgebung zu stürzen. Er wird manierlich.

Ein neues Gleichgewicht

Da der König nun von den guten Eigenschaften des Herrn Marquis von Carabas entzückt und auch seine Tochter ganz in ihn vernarrt war, und da er die großen Güter sah, die er besaß, sprach er zu ihm, nachdem er fünf oder sechs Becher getrunken hatte: »Es liegt nur bei Euch, Herr Marquis, ob Ihr mein Schwiegersohn sein wollt.«

Der Marquis nahm unter tiefen Verbeugungen die Ehre an, die ihm der König erwies, und noch am selben Tage heiratete er die Prinzessin. Der Kater wurde ein großer Herr und stellte den Mäusen fortan nur noch zu seiner Zerstreuung nach.

Das Märchen schließt mit einem Happy-End wie die meisten Märchen, die wir kennen. Das empfinden wir aber nur so, weil wir uns jeweils mit der »richtigen« Person identifizieren. Das Aschenputtel wird glücklich, und wir freuen uns darüber. Aber wie demütigend ist das für die beiden Schwestern! Wie beschämt müssen die Eltern von Hänsel und Gretel sein! Schneewittchens Glück wird für die stiefmütterliche Königin zum Untergang, für die Zwerge zur Stunde des Abschieds. Die Zwerge haben ihre Schuldigkeit getan. Das Happy-End bedeutet die Sieghaftigkeit der entscheidenden Gestalt.

Im »Gestiefelten Kater« bringt das Ende eine fast völlige Umkehrung der Verhältnisse. Die Zeit des Wartens, Erringens, Durchstehens ist für das Ich, den ehemaligen Müllerssohn, vorbei. Er geht rasch entschlossen zweierlei Bindung ein: Er heiratet und übernimmt die Regierungsnachfolge. Das ist gut so, denn eine nur ichsüchtige Selbstverwirklichung ohne Bindung kann nie Erfüllung schenken und Sinn stiften. Der Kater dagegen ist wie entmachtet. Seine Ansprüche auf Entfaltung sind befriedigt, und es entsteht eine neue Harmonie, diesmal unter der klaren Führung des Ich. Aber der Kater bleibt hof-fähig. Der junge König hat nicht vergessen, wie gut er in kritischer Situation alles gelenkt hat. Er hält ihn darum weiter bei Hof, gibt ihm Mitspracherecht. Bei Perrault wird der Kater ein großer Herr, bei Grimm Hofmarschall. Bei Grimm streut er Blumen zur Hochzeit, bei Perrault geht er nach Lust und Laune auf die Jagd. Das heißt, daß jetzt, im neuen Gleichgewicht, der Kater vor allem für Muße und Kunst dienstbar bleibt. Als Marschall unterstehen ihm das Gestüt des Hofes und die Armee: Er zähmt die Pferde der Leidenschaft, und die Aggressionen stehen unter seiner Leitung. Der Marschallstab ist auch ein Symbol für die Ausübung der letzten hohen Gerichtsbarkeit. Indem der Junge dem Kater eine Zeitlang gedient hat, hat er sich die Kräfte der Leidenschaften und Aggressionen dienstbar gemacht, sie drücken sich künftig nicht zerstörerisch, sondern im Kreativ-Musischen aus. Künstlerische Betätigung ist prometheisch: Den Menschen die Künste lehren heißt, ihn emanzipieren. Kunst schafft das Gegengewicht zur

wissenschaftlichen, denkerischen Leistung. Es bleibt
also viel zu tun für den Kater, und der junge König
wird gut daran tun, ihn immer bei Hof zu behalten
und immer wieder auf ihn zu hören, wenn er sich jetzt
an seine neue Aufgabe macht.

Denn der junge König bereitet sich auf eine große
Aufgabe vor. Er bindet sich ans Allgemeine. Durch
seinen Reifeprozeß hat er verhindert, daß im Land
nach dem Tod des alten Königs, dem Sinnbild der
bisherigen Wertwelt, ein Interregnum, eine »kaiser-
lose, schreckliche Zeit« des Chaos ausbricht. Daß er
sich jetzt den äußeren Obliegenheiten wieder zuwen-
det, ist wichtig. Die Einbeziehung der Gefühlswelt
kann nämlich für den Menschen auch eine Gefahr
bedeuten. Er könnte geneigt sein, das bewußte streb-
same Tun nun zu vernachlässigen oder gering zu
achten.

Das folgende Beispiel zeigt, wie das Unbewußte
selbst um diesen Ausgleich besorgt ist. Ein Mann
hatte seine erstarrte Gefühlswelt allmählich wieder
aktivieren können. Das war für ihn ein starkes, wichtiges Erfolgserlebnis, das ihn bereicherte und sein
ganzes Leben neu einfärbte. Eines Tages träumt er,
ein Mann (er selbst) sitze an einem Tisch und versu-
che, mit Spielkarten ein Kartenhaus zu bauen. Aber
statt der Spielkarten standen ihm nur Lebkuchenher-
zen zur Verfügung, wie sie am Jahrmarkt feilgeboten
werden. Alle Versuche, damit ein Haus zu bauen,
scheiterten. Das angefangene Haus fiel ihm immer
wieder zusammen.

Der Sinn des Traumes ist dem Mann sogleich
eingefallen: Mit dem Herzen allein läßt sich nichts

Solides aufbauen. Der Traum mahnte ihn, das Rationale, Zielstrebige nicht außer acht zu lassen.

Der Mann wird sich also, wie der junge Königssohn an eine neue, möglichst verantwortungsvolle Aufgabe machen dürfen, ja müssen. Ein Haus ist aufzubauen. Jetzt, nach der Muße der Entwicklung – wo die Leistungskräfte gelegentlich lahm liegen und Warten, Träumen, Hoffen ihren wichtigen Platz haben –, kommt wieder das Tun. Nur darf die neue Aufgabe auch nicht wieder Flucht oder Ersatzhandlung werden. »Ich kann Ihnen nur raten, hängen Sie Ihr ganzes Herz an Ihre Arbeit!« sagt Leonard Bernstein. Also auch das Herz, nicht nur den Verstand.

Das Märchenende bedeutet auch Abschied von der dramatischen Entwicklung. Das Dynamische ist geschehen, das Statische kommt. Reif werden ist interessant. Aber reif sein? Wie langweilig sind die meisten Erwachsenen! Die kecke Lernbegierde ist der geistigen Sattheit gewichen. Spontane Entdeckerfreude, herzhaftes Lachen, wo sind sie noch zu finden? Kein Wunder, daß Reife gar nicht anziehend wirkt.

Natürlich ist der Gereifte in manchem festgelegt. Überlegungen und Erfahrungen haben ihn veranlaßt, Entscheidungen zu treffen und ein System von Grundwerten aufzubauen. Aber er hat (hoffentlich) seine Verfügbarkeit nicht verloren.

Der Amerikaner Ashley Montagu hat in seinem Buch »Zum Kind reifen« dargelegt, daß es gerade eine Eigenheit der menschlichen Spezies ist, typisch kindliche und jugendliche Eigenschaften bis ins Alter hinein zu bewahren: Liebe, Freundschaft, Sensitivität, vernünftiges Denken, Wissen und Erfahrung, Lernen, Arbeit, Organisation, Neugier, Staunen, Spieltrieb, Imagination, Kreativität, Geistige Aufgeschlossenheit, Flexibilität, Experimentierbereitschaft, Forschungsdrang, innere Elastizität, Humor, Fröhlichkeit, Lachen und Weinen, Optimismus, Ehrlichkeit, mitfühlendes Verständnis, Tanz[15]. Diese »Reifung zum Kind« erlaubt die Bewahrung der Anpassungsfähigkeit des Menschen an die sich wandelnden Gegebenheiten. Wo die Erziehung nicht alles verdrängt, gilt es laut Montagu als Lebensziel, »jung« zu sterben, und zwar so spät wie möglich.

Wir müssen also wohl schleunigst unseren Reife-Begriff ausweiten. Wir müssen unsere Vorstellungen vom Altern dynamisieren. »Wenn ihr nicht werdet wie die Kinder . . .«

Wenn das Kind wirklich der Vater des Mannes ist, dann sind heute die meisten Männer längst verwaist. Begeben Sie sich aber auf die Reise nach innen, so werden Sie sehen, daß die Quellen der Kraft, Spontaneität und Kreativität aufsprudeln. Niemand darf sagen, es gebe nichts Großes mehr zu erleben, solange solche Abenteuer möglich sind.

Meine Wünsche begleiten Sie auf Ihrem Weg. Werden Sie mir berichten, wie es Ihnen mit dem Kater ergangen ist?

1 Nicht alle Märchen von Charles Perrault erfreuen sich gleicher Beliebtheit. Eines der schönsten und tiefsinnigsten vielleicht ist die Geschichte vom gestiefelten Kater.

1697 erscheint bei Claude Barbin in Paris ein Büchlein von 232 Seiten, das seinem Autor einen Platz unter den Großen der Weltliteratur sichern sollte, obwohl es unter falschem Titel ins Bewußtsein der Leser gelangte und die Fachwelt seit 300 Jahren streitet, wer der eigentliche Verfasser sei.

»Histoires ou Contes du temps passé« lautete der offizielle Titel des Buches. Das Frontispiz von Clouzier zeigt eine Bäuerin am Herd, die, am Spinnrad sitzend, einem Mädchen und zwei Jungen Geschichten erzählt. Über der Zimmertür steht eine Inschrift: »Contes de Ma Mère Loye«, die im Volk zum eigentlichen Buchtitel wurde und auch dem Musikliebhaber von Ravels »Ma Mère l'oie« vertraut ist.

Tiefere Verwirrung um den wahren Verfasser: Die königliche Druckerlaubnis, das Privilège, lautet auf Pierre Darmancour, den erst neunzehnjährigen jüngsten der drei Söhne Perraults. Nach adeligem Brauch trug er als jüngster Sohn den Namen der hauseigenen Ländereien, während der Älteste das Vorrecht auf den väterlichen Namen hatte. Im November des gleichen Jahres machte sich Pierre eines (offensichtlich unabsichtlichen) Totschlages schuldig. Sein Vater zahlt aufgrund eines Gerichtsurteils im April 1698 der Mutter des Erschlagenen über zweitausend Pfund, etwa ein Viertel seines früheren Jahresgehalts als Verwalter der königlichen Bauten unter Minister Colbert. Der Umstand, daß Pierre Darmancour nur drei Jahre später starb, mag – nebst dem Verlust des Originalmanuskripts – dazu beigetragen haben, daß die Frage nach der Urheberschaft ungeklärt blieb.

123

1672 hatte Charles Perrault im Alter von 44 Jahren die neunzehn-
jährige Marie Guichon geheiratet. Nur sechs Jahre später stirbt die
junge Gattin. Perrault weigert sich, die vier Kinder in ein Pensio-
nat zu geben. Nachdem er sich mit Colbert überworfen hat und
1683 seines Amtes enthoben ist, widmet er sich neben seiner
schriftstellerischen Tätigkeit der Erziehung der Kinder. Die finan-
zielle Basis bildet ein ansehnlicher Liegenschaftsbestand, den Perrault geschickt zu mehren wußte.

Längst war er eifriges Mitglied der Académie française, mitbetei-
ligt an deren institutionellen Reformen, bemüht um die Heraus-
gabe des ihr aufgetragenen Dictionnaires. Doch von seinen Wer-
ken – vorwiegend Lobeshymnen auf Mitglieder des Königshofes,
Erbauungsliteratur, literarische Streitschriften – hätte ihm gewiß
keines den Nachruhm gesichert, wie es eben die »Contes de la
mère l'oie« vermochten, die zusammen mit den 1704 von Galland
übersetzten Märchen aus Tausendundeiner Nacht und den 115
Jahre später erscheinenden Kinder- und Hausmärchen der Brüder
Grimm nicht nur zu den berühmtesten Märchenbüchern, sondern zu
einem der bekanntesten Bücher überhaupt wurden.

2 Goethe, Faust I, Vorspiel auf dem Theater

3 Vgl. Lenz, Friedel, Bildsprache der Märchen, Stuttgart 1984,
S. 263

4 Zitiert nach: Lauster, Peter, Lassen Sie der Seele Flügel wachsen. Wege aus der Lebensangst, rororo 7361, S. 184

5 Zorn, Fritz, Mars, München 1977, S. 132.

6 Gibran, Kahlil, Der Prophet. Wegweiser zu einem sinnvollen
Leben, Olten 1982[14], S. 25

7 Letzte Briefe zum Tode Verurteilter 1939–1945, dtv doku-
mente, S. 254

8 Jung, C.G. u. a., Der Mensch und seine Symbole, Zürich/Olten
1968, S. 12

9 von Franz, Marie-Louise, Das Weibliche im Märchen, Stuttgart
1977, S. 26–27

10 Nietzsche, Friedrich, Die sieben Siegel

11 Kafka, Franz, Betrachtungen über Sünde, Leid, Hoffnung und
den wahren Weg

12 Neumann, Erich, Tiefenpsychologie und neue Ethik, Frank-
furt 1984[5], S. 75

13 Brunot, Amédée, Mariam. La petite Arabe, Mulhouse 1981, S. 143

14 von Franz, Marie-Louise, Der Individuationsprozeß, in: Der Mensch und seine Symbole, Zürich 1968, S. 199

15 Montagu, Ashley, Zum Kind reifen, Stuttgart 1984, S. 181

Weisheit im Märchen
Herausgegeben von Theodor Seifert

Neben dem vorliegenden Band sind erschienen:

THEODOR SEIFERT · SCHNEEWITTCHEN
Das fast verlorene Leben

ANGELA WAIBLINGER · RUMPELSTILZCHEN
Gold statt Liebe

INGRID RIEDEL · HANS MEIN IGEL
Wie ein abgelehntes Kind sein Glück findet

HELMUT REMMLER
DER KÖNIGSSOHN, DER SICH VOR NICHTS FÜRCHTET
Mit vierzig fängt das Leben an

VERENA KAST
DER TEUFEL MIT DEN DREI GOLDENEN HAAREN
Vom Vertrauen in das eigene Schicksal

HILDEGUNDE WÖLLER · ASCHENPUTTEL
Energie der Liebe

HANS JELLOUSCHEK · DER FROSCHKÖNIG
Ich liebe dich, weil ich dich brauche

LUTZ MÜLLER · DAS TAPFERE SCHNEIDERLEIN
List als Lebenskunst

ROSMARIE BOG · DAS WASSER DES LEBENS
Eine sanfte Erlösung

Kreuz Verlag

Buchreihe *Symbole*

C. G. Jung hat nachgewiesen, daß der Mythos in den Träumen auch derjenigen Menschen lebendig ist, die bewußt von ihm keine Kenntnis haben. Er stellte die Hypothese auf, daß es ein kollektives Unbewußtes gibt, das den Erfahrungsschatz der Menschheit an den einzelnen vermitteln kann. Auf der Basis tiefenpsychologischer Erkenntnismethoden lassen sich Mythos, Realität, der einzelne und das Kollektiv sinnvoll aufeinander beziehen und miteinander ins Gespräch bringen. Die Autoren der Reihe »Symbole« fühlen sich dem Ansatz C. G. Jungs verpflichtet. Jeweils von einem Symbol oder Mythos ausgehend, zeigen sie den Horizont der Wirklichkeit, der von ihm erhellt wird. Zugleich erschließen sie einen neuen Zugang zur Bibel, deren Geschichten unmittelbar zum heutigen Menschen sprechen, eben weil ihre Sprache symbolisch ist.

Folgende Bände sind bisher erschienen:
Verena Kast, Paare
Ulrich Mann, Schöpfungsmythen
Gerhard Marcel Martin, Weltuntergang
Christa Mulack, Maria
Ingrid Riedel, Farben / Ingrid Riedel, Formen
Paul Schwarzenau, Das göttliche Kind
Uwe Steffen, Drachenkampf
Uwe Steffen, Jona und der Fisch

Kreuz Verlag